Marianne Beuchert

Gärten am Reiseweg

Von Irland bis Portugal

Mit farbigen Fotografien
von Marion Nickig

Insel

Zweite Auflage 1998
© 1997 Insel Verlag Frankfurt am Main und Leipzig
Alle Rechte vorbehalten
Druck: Appl, Wemding
Printed in Germany

Gärten am Reiseweg

Gärten in Irland 11
Levens Hall 24
In den Gärten von Chatsworth 32
Der Garten von Arley Hall 43
Cotswolds 50
Rosemary Vereys duftender Garten 56
Cornwall 63
Walenburg 72
Sanssouci 79
Herrenhausen 94
Rosengärten in Paris 101
Die Insel Brissago im Lago Maggiore 109
Gärten in Florenz 121
Die Quinta de Fronteira 129
Die Gärten von Sintra 137
Ein Garten auf Madeira: Quinta do Palheiro 141

Lage, Anfahrtswege, Öffnungszeiten 151

Jahr für Jahr hat mich der Weg durch viele Gärten Europas geführt, doch nie fand ich zwei, die sich völlig gleichen. ›Garten heißt warten‹, fast eine Generation braucht es, bis ein Garten sich zu seiner vollen Schönheit entwickelt hat. In dieser Zeit wird er auch zu einem Spiegel seiner Besitzer, einem Spiegel ihrer Träume, ihrer Vorlieben, ihres Lebens. Wenn man in einen gelungenen Garten gerät, so kann man dessen Geschichte und die seiner Schöpfer geradezu einatmen. Am meisten haben mich immer Gärten begeistert, die voller Geschichten sind, Geschichten, die mir aus den Hecken des Gartens zugeflüstert wurden, die mir das Rauschen des Windes zutrug oder auch die Farben und die Düfte der Blumen. Ein indisches Sprichwort sagt: »Der Mensch hat eine Schönheit, das Gewand hat ihrer tausend, ein Garten zehntausend und die Liebe eine Million.« Gärten und Liebe sind enge Verwandte. Viele Gärten sind aus Liebe entstanden: aus Liebe zu einer Frau, zu Pflanzen, zu schönen Ausblicken, zum Aufenthalt im Freien – die Liebe zur Repräsentation nicht zu vergessen. Es mag die Verbindung von Zartheit und Zähigkeit sein, die Menschen zu Pflanzen hinführt, doch es kann auch das Bedürfnis sein, immer wieder Kraft aus dem Anschauen von Schönem zu gewinnen. Ein Garten lebt in der Erinnerung weiter als ein ›Musée imaginaire‹, das fast ständig ein anderes Bild bietet, in der Frische des Morgens oder in der leisen Melancholie der Abenddämmerung.
Am geheimnisvollsten sind jene alten Parks, die durchströmt sind vom Atem einer längst vergangenen Zeit, in denen das große Gesetz der Metamorphosen der Welt fühlbar wird.
Dieses Buch erzählt in sechzehn Geschichten von sechsunddreißig europäischen Gärten und oft auch von den Menschen, die in ihnen lebten. Es erhebt nicht den Anspruch, durch alle sehenswerten Gärten zu führen. Es will anregen, einmal eine Reise durch Gärten zu unternehmen. Und es ist zu vermuten, daß dies eine Liebesreise wird.

Gärten in Irland

Gerne würde ich schreiben: der Wind sang! Aber ich kann nicht einmal schreiben: der Wind pfiff – denn er heulte, heulte wie eine Herde Wölfe in der winterlichen Taiga. Längst lag ich wach, wartete auf den Wecker und hätte ihn beinahe doch nicht gehört, weil die Außengeräusche im zehnten Stock von Jurys Hotel alles übertönten. Diese erste Nacht in Dublin war unruhig gewesen, unruhig wie meine Gefühle. Wenig später kam ich abfahrtbereit für den Frühzug nach Belfast in die Hotelhalle. Hier unten war es still, kein Windgeräusch mehr, keine Stimmen. Stille, völlige Stille empfing mich, als ich aus dem Aufzug kam. In der großen Halle mußte ich mich allerdings sofort fragen, ob ich wache oder doch noch träume. War ich mitten in einem Märchenspiel oder in einem First-class-Hotel? Ein solches Bild muß sich dem Prinzen geboten haben, als er Dornröschens Schloß betrat: alle Sitzmöbel waren besetzt oder belegt mit schlafenden jungen Menschen. Die Mädchen in pastellfarbene Tüllwolken gehüllt oder hochgebauscht in giftgrünem Atlas, hier ein rosa Crèpe de Chine-Gewand, das zart die Linien des jungen Körpers nachzeichnete, dort eine Robe, die aus dem Haus eines Couturiers gekommen schien. Oft hatten die Haare sich gelöst, hingen in schlafrote Gesichter, dort welkte in einer leicht verrutschten Hochfrisur eine Orchidee. Die jungen Männer hatten sich meist zu Füßen der Schönen drapiert, Schlips und Kragenknopf geöffnet, oft den Kopf gebettet in den Schoß der Schönen, von zärtlichen Händen gehalten. Staunend stand ich vor dem Unerwarteten, zuvor nicht Denkbaren. Ich vergaß Raum und Zeit und die nahe Abfahrt des Zuges. Erst das Gefühl, daß jemand mich genauso konzentriert betrachtete wie ich dieses seltsame Bild, weckte mich. Ich spürte, daß der Blick von links kam. Hinter dem Tisch der Rezeption stand eine Frau, deren helle Augen das einzige wache Wesen zwischen all den Schlafenden amüsiert betrachteten. Etwas Frisches und Kühles ging im ersten Moment von dieser Frau aus, obwohl ihr die Haare brennendrot wie eine Feuerlohe um den Kopf standen. Ich ging zu ihr und bat mit leiser Stimme um ein Taxi – in der Nähe von soviel Schlaf war nur ein Flüstern möglich. Nach einem kurzen Telefongespräch sagte sie: »Es wird eine Weile dauern, die hier schlafen, haben nach dem Ball auch alle noch keines bekommen.« Fast wispernd fragte sie nach dem Woher und Wohin und Warum. Als sie hörte, ich sei Gärtnerin, huschte ein Lachen über ihr Gesicht; als ich das Ziel ›Mount Stewart‹ nannte, kam ein entschlossener Zug um ihre Lippen: »Mein Dienst ist in zehn Minuten zu Ende, dann fahre ich nach Belfast zu meiner Mutter. MOUNT STEWART ist nur knapp elf Meilen von dort entfernt, es liegt fast an meinem Weg. Ich bin oft dort und kenne es genau, wenn du magst, kannst du mit mir im Auto kommen, ich kenne auch ein wenig von der Historie, die können wir uns bei der Fahrt im Auto erzählen.« So lernte ich Roisin kennen, die Frau mit der originellsten Geschichte, die mir je begegnete.

Mount Stewart, in der Nähe von Belfast gelegen, wird von Kennern zu den schönsten Gärten Englands gezählt. In seinem italienischen Teil sind die Farben der Blätter und Blüten in ungewöhnlich raffinierter Abstimmung gewählt.

Als wir zwei zu ihrem Wagen gingen, hatte der Orkan sich in einen frischen Wind verwandelt, alle Wolken waren verschwunden, und der Duft der Erde verhieß einen schönen Tag. Nachdem die Außenbezirke Dublins hinter uns lagen, wurden die Straßen schnell einsam. Kein Wagen kam uns entgegen, kaum einer überholte uns. Nie hätte ich geglaubt, daß es das in Europa noch gibt. Aber ich hätte auch nie geglaubt, daß ich jemals den Linksverkehr begrüßen würde. Doch so saß Roisin rechts von mir, unsere Fahrt ging nach Norden, und das Feuer ihres goldroten Haares war im Gegenlicht der aufgehenden Sonne von so flirrender Schönheit, daß ein empfindsamer Mensch über dem Anblick gewiß den Verstand hätte verlieren können. Mir huschte der Gedanke durch den Kopf, so müßten wohl die großen Zauberfrauen ausgesehen haben, wenn sie auf einem Besenstiel zum Teufel ritten.

»Ich will dir schon ein wenig über die Geschichte von Haus und Park erzählen, weil ich dich nicht die ganze Zeit in Mount Stewart begleiten kann«, hörte ich sie in meine Gedanken hinein sagen. »In der Mitte des 18. Jahrhunderts übernahmen die Stewarts den Sitz. Er war durch seine ideale Lage, unmittelbar am Golfstrom, mit subtropischen Temperaturen und vergleichsweise hohen Niederschlagsmengen, sicher auch durch die landschaftliche Schönheit des Loch Strangford, seit undenklichen Zeiten ein Platz menschlicher Siedlungen. Du kannst noch prähistorische Steinsetzungen auf dem Parkgelände finden. Doch erst die Stewarts erbauten das schöne früh-klassizistische Haus, das du sehen wirst, und das berühmte Belvederchen ›Temple of the Wind‹, ein wahres Juwel der Architektur. In der zweiten Generation wurden die Stewarts in den Stand der Marquis von Londonderry erhoben und damit begann die weltoffene Ära dieses Herrensitzes. Beim Wiener Kongreß, nach dem Sturz Napoleons, vertrat Robert, zweiter Marquis von Londonderry, England als Botschafter. Es muß zu einer freundschaftlichen Beziehung zu Metternich gekommen sein, denn dieser verbrachte einige Wochen in Mount Stewart. Über die Zeiten hin schmükken viele große Namen das Gästebuch der Familie. Churchill war einer der engsten Freunde des Hauses.

Park und Garten sind, das wirst du als Gärtnerin sehen, in den letzten einhundertfünfzig Jahren immer wieder verändert worden. Entscheidend prägte ihn seit 1921 Lady Edith, die Frau des siebenten Marquis von Londonderry. Sie störte sich daran, daß der Landschaftspark, wie bei fast allen irischen Herrensitzen, viel zu weit vom Haus entfernt erst begann. Sie wollte von Blüten umgeben leben. Beraten wurde sie bei ihren Plänen, die nachher zu einer sehr eigenwilligen Gestaltung führten, von den berühmtesten Gartenarchitekten der Zeit, von Gertrude Jekyll, Edwin Lutyens, John Ross und anderen. Was entstand, war eine außerordentlich glückliche Mischung aus einer harmonisch geordneten Pflanzensammlung, raffinierter Architektur und zahlreichen sehr persönlichen Elementen. Den ersten Bauabschnitt, den blaugelben Garten, haben der siebente Marquis und seine Frau übrigens mit dem Preisgeld einer Pferdewette bezahlt.«

Wir waren unterdessen an der Grenze zu Nordirland angekommen. Wie immer, und wie immer ohne Grund, beunruhigte mich der Anblick der Uniformierten. Während Roisin die Formalitäten erledigte, sah ich mich im Wagen um. Wie überrascht war ich, als ich auf dem Rücksitz und dem Boden hinter mir eine Unmenge von Kästchen und Beutelchen entdeckte, alle sorgfältig mit den verschiedensten botanischen Namen etikettiert. Deshalb wohl hatte Roisin so hintergründig gelächelt, als ich meinen Beruf ›Gärtnerin‹ nannte. Doch was hatte sie mit den Kästchen und Beutelchen vor? Auf meine Frage erschien wieder dieses eigenartige Strahlen auf ihrem Gesicht, das ich nun schon kannte. »Das sind alles Kräuter, die im Norden der Insel nicht wachsen und die ich für meine Mutter gesammelt habe. Sie ist homöopathische Ärztin und bereitet alle Medizin nach alten Familienrezepten selbst. Seit vierzehn Generationen bin ich die erste Frau bei uns, die das nicht zu ihrem Beruf gemacht hat, obwohl ich die erste bin, die es ohne Angst und Gefahr für das eigene Leben hätte tun können. Ich bin 1951 geboren, in dem Jahr, als aus Englands Verfassung endlich der ›Witchcraft Act‹ getilgt wurde, der die Hexenkunst unter strengste Strafandrohung stellte. Meine Mutter gab mir aus Freude darüber den Namen der Frau, die William geboren hat, der als der Stammvater meiner Familie gilt. Vier Wochen nach seiner Geburt wurde jene Urahnin Roisin als Hexe auf dem Scheiterhaufen verbrannt. Doch da war jener kleine William, der den Namen seines Vaters (Mönch und Schreiber des Bischofs von Kilkenny) trug, bereits in Sicherheit. William der Vater war unter Mitnahme seines natürlichen Sohnes geflohen und ein anderer mußte in Zukunft die Briefe des Bischofs schreiben.«

Ich war fassungslos vor Staunen, hatte kaum die Kraft mich zu wundern, in was für ein Abenteuer ich da wieder einmal geraten war, so fasziniert war ich. »Ist deine Mutter auch eine Hexe – und du?« Die Frage war weder klug noch höflich, das jedenfalls wußte ich sofort. Roisin zögerte eine Weile mit der Antwort, nach einer Pause kam diese sehr langsam: »So einfach und deutlich kann man das nicht beantworten. In jedem Menschen schlafen Kräfte, von denen er nichts ahnt und die man wecken kann. ›The power‹ wird durch Initiation oder direkte Weitergabe übermittelt, das Wissen wird immer nur von Frauen auf Männer und von Männern auf Frauen übertragen. Du siehst, du hast wenig Chancen, darüber mehr von mir zu erfahren. Denn wenn du es nicht einmal selbst erlebt hast, dann kannst du es nicht glauben. Hast du es aber einmal erlebt, so brauchst du es nicht mehr zu glauben, denn dann weißt du es. Übrigens ist ganz in der Nähe von Mount Stewart die Ruine des Zisterzienser-Klosters ›Grey Abbey‹, in dem William der Vater lebte, bevor er als Schreiber zum Bischof gerufen wurde – vielleicht hat er dort schon Roisin kennengelernt, vielleicht lebte sie damals da, wo heute der berühmte Garten von Mount Stewart ist – das weiß heute niemand mehr.«

Während sie erzählte, fuhren wir schon eine Weile an einem See zu meiner linken Hand entlang. »Das ist schon Loch Strangford, bald werden wir dein heutiges Ziel erreicht haben. Du wirst einen der besten Gärten Englands sehen – one of the top three –, wie wir sagen. Ich war schon oft hier, aber egal wann ich kam, immer blühte etwas, ob es Dezember war oder August. Ich will versuchen, ob Nigel Marshall dich führen kann, er ist hier der Leiter der Gärten, denn ich muß nun doch weiter, in zwanzig Minuten bin ich in Belfast bei meiner Mutter. Am besten läßt du dir später ein Taxi rufen und fährst dann mit dem Zug zurück. Aber wenn du magst, möchte ich dich gerne morgen nach Powerscourt begleiten.«

Es dauerte ein paar Minuten, dann kam sie mit einer echten Gärtnergestalt zurück. Es mußte Nigel Marshall sein, und ich wußte gleich: er war ein Mann nach meinem Herzen. Ein ganz anderer Menschentyp als Roisin, aber von einer ähnlich starken Ausstrahlung. Unser Händedruck war ein Händedruck von zwei verwandten Seelen. Und schon bei dem ersten Blick in den Garten sah ich, daß nicht nur der Gärtner, sondern auch der Garten nach meinem Herzen war. Die Farben der Blüten und Blätter waren in höchst ungewöhnlicher Zusammenstellung, aber immer in Harmonie miteinander, viele Formen der Beete fast kühn zu nennen, zu offenbar sehr privaten Symbolen geschnitten. Hier und da konnte man, wenn man wollte, Initiale erkennen, dann wieder blieben sie für mich nicht entschlüsselbar. Nigel verriet mir, daß es die Signets der Familienmitglieder sind.

Der Weg führte uns zunächst in den Italienischen Garten, südlich des Hauses. Wie alle als Italienische Gärten bezeichneten Anlagen war er in streng geometrische Beete eingeteilt. Aber wie anders ist hier doch seine Wirkung auf die Betrachter. Was diesem Italienischen Garten völlig fehlte, war jene durch übergroße Regelmäßigkeit mögliche Langeweile. Keineswegs konnte man glauben, mit einem Blick alles erfaßt zu haben, um gelassen weiterzugehen. Hier waren die exakt geschnittenen Umfassungen nicht wie in tausend anderen Gärten aus Buchsbaum, sondern in ruhigen Farben im Wechsel von Thuja occidentalis ›Rheingold‹, immergrünen Erika, im Dreiklang zusammen mit roten kleinblättrigen Berberitzen gepflanzt. Die Füllungen dieser Beete blühten ausschließlich in kräftigen strahlenden Farben, zu denen das Altgold der Thuja mit dem dunklen Grün und dem warmen Rot einen vollendeten Rahmen bildeten.

Rechts des Hauptweges waren die Umfas-

sungen aus einer silbergrauen australischen Hebe im Wechsel mit der blaugrün belaubten Ruta graveolens geschnitten. Ihre Blumenfüllungen blühten in allen Pastellfarben. Umgeben ist dieser Gartenteil mit riesigen graulaubigen Eucalyptus globulus, die aussehen, als wären sie schon einige hundert Jahre alt – aber wer kann das schon abschätzen in einer solch wuchskräftigen subtropischen Gartenlage?

Nigel Marshall führte mich weiter in den

Spanischen Garten, dessen Hauptelement aus einer über vier Meter hohen Hecke aus Cupressocyparis leylandi, einer mächtigen Theaterkulisse mit eingeschnittenen Bogenfenstern, besteht. Diese Cupressocyparis, eine interessante intergenetische Hybride, ist eine ideale, sehr rasch wachsende Pflanze für solch dekorative gartenkünstlerische Aufgaben, die aber in jedem kleinen Garten völlig fehl am Platze wäre.

Der Landschaftspark von Mount Stewart ist am allerschönsten in den Monaten April bis Mai, wenn Rhododendren und Azaleen blühen. Im Herbst öffnen zwischen Gräsern und Kleinsträuchern riesige asiatische Lilien ihre Kelche.

Hinter einer weiteren Hecke versteckt findet man den Mairi-Garten. Es war ein Geschenk der jungen Mutter an die kleine, 1921 geborene Tochter Mairi, damit sie im Kinderwagen im eigenen Gärtchen die Morgensonne genießen konnte. Echte Pflanzenfreunde flippen hier aus. Dieser Garten ist ganz in Blau-Weiß-Silber bepflanzt. Früher war es ein Rosengärtchen im Tudor-Stil, aber die Rosen haben bei der starken nächtlichen Taubildung zwischen Meer und Loch Strangford enorme Wachstumsschwierigkeiten. So deuten nur wenige Rosenstöcke die Vergangenheit an. Die Ausstrahlung der gesamten Anlage ist mit Begriffen wie ›erlesene Pflanzensammlung‹ oder ›dekorative Gartenkunst‹ nicht zu erfassen. Was dieses Haus umgibt, ist ein beseeltes Stück Erde.

An der östlichen Schmalseite des Hauses sind zwei höchst originelle Gartenschöpfungen zu sehen: der Senkgarten, der deutlich die Handschriften von Gertrude Jeykll und Edwin Lutyens trägt. Er ist von einer üppig berankten Pergola umgeben, von einer Hecke vor Seewind geschützt. Sein kostbarer Besitz ist eine Sammlung seltener Stauden und Kletterpflanzen. Seine Perspektive ist so reizvoll, daß man leicht zu schnell über ihn hinwegschaut zu dem ungewöhnlichen Shamrock-Garden, nur mit roten Blumen bepflanzt, in der Mitte in den Boden eingelassen ›die rote Hand von Ulster‹, das Wappen der Provinz, aus Begonia semperflorens als Hintergrund, zwei Meter hoch sich streckend, eine Lyra aus grünem Taxus geschnitten, von gelblaubigen Büschen als Abschluß dieses Gartenteils.

Nigel Marshall schwenkte mit mir nach links und führte mich auf schmalen Gärtnerpfaden – besorgt den Windbruch der letzten Nacht registrierend – in den lockeren Gehölzgürtel, von dem der ganze Park umgeben ist. Hier wachsen asiatische Lilien im Unterholz alter Bäume in großer Pracht. Meist sind es Sorten aus China und Japan, denen der saure Boden und das Seeklima eine Wohltat sind. Sie stehen zwischen Kamelien und Rhododendren, überragen sie sogar gelegentlich. Riesenlilien, Cardiocrinum giganteum, vom südlichen und südöstlichen Himalayarand, haben über drei Meter hohe Stiele, jeder mit bis zu fünfzehn Blüten besetzt. Ein wirklich gigantischer Anblick.

In den Astwinkeln der Bäume haben sich Bromelien angesiedelt, die ich sonst nur im südlichen Brasilien im Freien sah. Baumfarne, Pflanzen aus einer ganz frühen Erdzeit steigen aus dicken, giftgrünen Moospolstern hoch.

Sowie genügend Licht in das Waldgebiet fällt, ist es mit tieftintenblauen Hortensien durchsetzt. Der Staatsschatz des Parks, die Rhododendren, sind im Sommer in einer Ruhepause, dafür beginnen sie hier bereits im November mit dem Blühen. Jetzt läßt nur der kräftige Wind die hellen Unterseiten der Rhododendronblätter wie Sterne am Nachthimmel aufblitzen.

Im Frühling wird man ängstlich auf den Wegen bleiben, denn alle Wiesen sind übervoll mit Gänseblümchen durchsetzt. Mit ihnen zusammen blüht hier die wohl umfangreichste Sammlung von Narzissen in England, umfangreich sowohl hinsichtlich der Sorten wie der Menge. Nigel Marshalls Augen strahlen, wenn er von ihnen spricht, sie scheinen seine ganz besonderen Lieblinge zu sein.

Auf diesen lichten Waldwegen, die von Wiesenstreifen gesäumt sind und den Augen und dem Herzen vielfache Pflanzenabenteuer bieten, erreicht man den künstlichen See, der in der Mitte des vorigen Jahrhunderts dem Park gegeben wurde. Weich gerundet wie eine Perle liegt er in der Senke, von einem artenreichen Gehölzbestand umgeben, der in seinen unterschiedlichen Grüntönen in der sanften

Modellierung des Geländes schon jetzt eine prachtvolle Herbstfärbung ahnen läßt. Aus den verschiedensten Richtungen leuchten mir die weißen Erdbeerblüten der chilenischen Eucryphia-Bäume durch den Sommer-Nachmittag entgegen. Ich stehe unter einem gewaltigen Sequoiadendron giganteum, dem Mammutbaum Amerikas – es ist ein Exemplar, das fünf Männer nicht umspannen können –, und schaue zur gegenüberliegenden Seeseite. Dort ist das ›Tir Nan Og‹ – ›das Land der ewigen Jugend‹, der Begräbnisplatz der Familie, bewacht von zwei steinernen Türmen. Ungern verlasse ich Mount Stewart und seinen Gärtner, doch mit dem Gefühl, einen großartig erdachten Garten, der liebevoll und sehr persönlich gepflegt wird, gesehen zu haben. Wirklich: »One of the top three of England.«

Am nächsten Vormittag wartete Roisin schon voll Spannung in der Halle und war sehr mit sich und der Welt zufrieden, nachdem ich ihr meine begeisterte Schilderung von Mount Stewart gegeben hatte.

»Du wirst heute einen völlig anderen Park finden, eine Mischung aus später Rokoko-Architektur, viel Kunst und wesentlich weniger Pflanzen als dir gestern begegnet sind. POWERSCOURT liegt in dem grünen Gürtel, der die Mitte Irlands ist. Der Sitz ist höchst raffiniert eingeplant in die Öde der Hochmoore, er beutet die Landschaft optisch aus, da er sie in einen scharfen Kontrast zur herrschaftlichen Architektur setzt und zugleich einbezieht. Ein echtes feudalistisches Spätwerk.«

Tatsächlich veränderte sich die Welt, als das Tor zu Powerscourt sich öffnete. Unser Gespräch verebbte. Grün, sattes Grün umschloß uns. Die Avenue zum Herrenhaus besteht aus drei bis vier Reihen Buchen, alt, uralt, sicher über zweihundert Jahre. Mächtige Stämme, von weit über einem Meter Durchmesser. Aber ihre Zeit ist vorüber (überall sind schon Lücken in den Reihen), vorüber wie die Zeit des 1731 gebauten Palladinschen Herrenhauses, das 1974 abbrannte. Nur die Außenmauern stehen noch, längst versuchen die grünen Bewohner des Gartens von der majestätischen Ruine Besitz zu ergreifen. Kiefern und Lärchen biegen sich darin im Wind und Buddleia blühen lila aus den leeren Fensterhöhlen.

Es ist nicht mehr der gleiche Gartenanblick, der sich Fürst Pückler bei seinem Besuch am 30. 8. 1828 hier bot. Zwar hatten über einhundert Arbeiter mehr als zehn Jahre an der Profilierung des Tälchens gearbeitet, das auf wunderbare Weise den Blick vom Haus und über die Terrasse freigibt, weit über das Land hin in die Berge von Wicklow zum Zuckerhut. Dieses Tälchen war bei seiner Fertigstellung ein geometrischer Terrassengarten im italienischen Stil. Er hatte soviel Arbeit gekostet, aber als er dann fertig gepflanzt vor seinen Besitzern lag, war er stilistisch bereits überholt. Der Zeitgeist hatte sich gewandelt. Nicht mehr der Garten à la Versailles, Nymphenburg oder Rom war gefragt, wer modern sein wollte, mußte, zumindest in England, damals einen Landschaftsgarten haben. So ist, wenn man den Berichten glauben darf, nicht eigentlich zehn Jahre, sondern einhundertundzweiundzwanzig Jahre an dem Garten konstruiert worden. Zunächst eine geometrische Gliederung des Tälchens, dann Umgestaltung in einen informalen Hang, um dann erneut in der viktorianischen Zeit geändert zu werden in den repräsentativen, prachtvoll gepflasterten Treppengarten. Wieder regelmäßig gegliedert, auslaufend in dem runden See mit dem italienischen Triton-Springbrunnen in der Mitte und flankiert von zwei mächtigen Pegasus-Rössern, in Berlin für diesen Park gegossen. Wer sich jemals über das Eisen-

Der Park von Powerscourt ist bewußt in die umgebende Landschaft eingebettet worden. Er ist eine der letzten großen feudalen Anlagen, die in Irland entstanden.

gitter zwischen diesen geflügelten Pferden beugt, die Fische zu betrachten, darf gewiß sein, daß dieses Gitter bis vor einhundertfünfzig Jahren ein Patrizierhaus in Hamburg zierte. Denn das ist das Unvermutete: Powerscourt ist kein typisch irischer Garten, sondern in seinen dekorativen Teilen ein europäischer. Daß die Pflanzen in aller Welt ihre Heimat haben, ist in englischen und irischen Gärten noch selbstverständlicher als bei uns. Doch daß die Gartenelemente sich in solcher Großzügigkeit aus verschiedenen Ländern zusammenfinden, als Kopien griechischer und römischer Kunst, oder als Auftragsarbeiten der Zeit oder gar wie bei den Windgöttern als aufgekaufte Reste Napoleonischer Kriegsbeute, die er von Mailand heimgeschleppt hatte, ist höchst ungewöhnlich.

Der siebte Viscount of Powerscourt liebte nicht nur einen reichen Statuenschmuck in seiner Umgebung, er hatte auch eine besondere Vorliebe für schmiedeeiserne Tore, durch die der Park in Hausnähe geschickt in mehrere kleine Gartenräume gegliedert wird. Diese transparenten Tore schließen und öffnen zugleich den Ausblick, sie zeigen und verbergen den Reiz der folgenden Gartenräume. Das Prunkstück ist eine Kopie aus dem Bamberger Dom. Dieser glanzvolle Park, in dem auf den ersten Blick die Pflanzen weit weniger Aufmerksamkeit genießen als die Ornamentik, wurde für große Feste geschaffen, und so verträgt er die heutigen Besucherströme besser als die intimeren Gärten Englands und Irlands im Stil von Sissinghurst. Vermutlich ist er die letzte große Gartenanlage, die im geometrischen Stil in derart dekorativer Repräsentationskraft geschaffen wurde, darin hat Roisin bestimmt recht. Jetzt kann ich auch ihre Worte von der Steigerung durch absoluten Gegensatz verstehen.

Langsam wandere ich vom Fuß der Treppe aus nach rechts, doch den von Fürst Pückler erwähnten Felsen ›The lover's leap‹, ›des Liebenden Sprung‹, zu dem man sich so viele rührselige Geschichten ausdenken könnte, den kann ich in der höchst romantischen Schlucht nicht finden. Dafür entdecke ich einen Friedhof, sehr gepflegt, der bei einer Kontinentaleuropäerin die Erinnerung an den Begriff ›Schrulligkeit‹ wachruft, den man früher englischen Landlords gerne gab. Die Grabsteine nennen die Lebensdaten der darunter begrabenen Kühe, gelegentlich sogar in gereimter Form, mit Angabe ihrer lebenslang erbrachten Milchleistung und der Anzahl ihrer Kälber.

Einen großen Reichtum an seltenen Bäumen wird der finden, der das glänzende dekorative Zentrum des Gartens verläßt und die Randbezirke durchwandert. Was dem Betrachter vom Kopf der Treppe aus nur wie ein schöner Rahmen eines prächtigen Bildes erscheint, zeigt sich bei näherem Hinschauen als eine beachtenswerte Gehölzsammlung. Doch der Stolz der Besitzer wächst vor der Ruine des Herrenhauses neben der Kopie der Laokoon-Gruppe, eine Cryptomeria japonica, 1911 gepflanzt von dem Prince of Wales, in Deutschland besser bekannt als Herzog von Windsor.

Wie dankbar bin ich Roisin dafür, daß sie mich mahnte, die Gehölzumrandung genau zu betrachten und vielleicht fehlende Zeit lieber in dem schwachen Japanischen Garten einzusparen. Ach ja, Zeit – ein Blick sagte mir, daß wieder einmal das alte Gärtnerwort auf mich paßte: ›Im Paradies schlägt keine Uhr‹. – Schon zehn Minuten war ich über dem verabredeten Termin und noch mehr, bis ich das kleine bescheidene Café, das zum Park gehört, erreichte. Ich war erstaunt über mich, wieviel Freude ich empfand, Roisin wiederzusehen. Als wir aufbrachen und nebeneinander gingen, spürte ich ein Vertrautsein zwischen uns, wie man es sonst nur mit nahen Familienangehörigen empfindet. Ich strebte dem Parkplatz zu, aber sie zog mich mit geduldiger Beharrlichkeit nach links in ein dunkel wirkendes Gebiet. Beim genauen Hinschauen entpuppte es sich als eine Allee aus Araucaria araucana, jenen urweltlichen Nadelbäumen aus den Anden, die zu den frühesten Besiedlern dieser Erde gehören. Die Nadeln umfassen die Äste wie dreieckige Blätter und geben ihnen, vor allem bei älteren Exemplaren, das Aussehen sich windender Schlangen. In viktorianischer Zeit waren sie ein beliebtes Gartengehölz in England. Eine Allee von ihnen hatte ich noch nie gesehen, doch sie bestärkte meinen Eindruck, daß ausgesprochene Individualisten des Pflanzenreiches nicht für Alleen geeignet sind. Roisin erzählte mir, daß sie die Bäume nach einem sehr heißen Sommer einmal fruchten sah, Zapfen größer als ein Säuglingskopf in einem so giftigen Grün, wie diese Farbe sonst nur in der Chemie, nie aber in der Natur vorkommt.

»Wir fahren einen anderen Weg zurück«, meinte Roisin, »über das Moor, von dem ich dir heute morgen erzählte. Es bedeckt große Teile Irlands, du wirst sehen, es ist ein großer Reichtum an ernster Schönheit dort, doch diese Hochmoore sind der Quell der Armut des Landes, der Grund, warum mehr Iren in Amerika leben, und noch einmal so viel auf den britischen Inseln, als in ihrer Heimat.«

Sie schwieg eine Weile. Die schmale Straße stieg langsam an. Niemand außer uns war zu sehen. Rechts und links entdeckte ich vom fahrenden Wagen aus die ersten typischen Hochmoorpflanzen. Ein Fingerkraut, Eriken, dann eine blauweiße Rispenblüte, die ich nicht kannte, große Strecken von gelb blühendem Herbstginster, voll langer Stacheln. Wie reines Gold glühten die Blüten in der Nachmittagssonne über dem sattbraunen Boden. Trotz des vielen Gelb wirkten die Farben der Landschaft gebrochen, ruhig, in ganz anderem Sinn majestätisch als der soeben betrachtete Park. »Ein ungeheurer Gegensatz«, hatte Roisin auf der morgendlichen Fahrt gesagt, »ein ungeheurer Gegensatz zwischen den einsamen Hochmooren und dem feudalen Park, aber du wirst sehen, beide gewinnen dadurch an Kraft ihrer Aussage.« Roisin hatte recht. Ich empfand es genau so. Zwei adäquate Partner.

Schneller als mir lieb waren wir in Dublin, fuhren in den Hof von Jurys Hotel ein. Ich bat sie, doch noch als mein Gast zu einem Tee mit hineinzukommen. Es war ihr recht, denn sie habe in ihrem Fach noch ein paar Informationsblätter für mich liegen. Die Halle war zu dieser Stunde fast leer, kein Rugby-Spiel in der Nähe, keine Tanzveranstaltung. Der Tee war gut und stark, aber die Luft in Powerscourt war besser gewesen. Plötzlich spürte ich Müdigkeit nach dem vollen Tag. Ich betrachtete die Drucksachen, sicher war einiges Wichtige dabei. Als ich aufschaute, war Roisin gegangen, auch ihr Mantel und ihre Tasche waren weg. In den vergangenen Tagen hatte ich sie fast lieb gewonnen, nicht nur wegen der großen Menge Informationen, die sie mir gegeben hatte. Ich begann darüber nachzudenken, wie unwichtig letztlich der Erzähler ist, wenn seine Geschichten wirklich gut sind. Gute Geschichten pflegen länger zu bleiben als ihre Erzähler. In dem Moment kam der Kellner und brachte die Rechnung. Er nahm die dreifüßige Schale mit den müden verblühten weißen Rosen weg und stellte ein schönes Gefäß voll frischer roter Rosenknospen vor mich. Jung, knackig und gesund strahlten sie mich an, bereit zum Erblühen.

Levens Hall

Daß es in der englischen Grafschaft Cumbria, an der südlichen Grenze des Lake Districts, nichts Ungewöhnliches ist, in einem Haus zu leben, das in Teilen siebenhundert Jahre alt ist, in einem Haus voll Geschichten, in einem Land voll Geschichte – das spürt man in Levens Hall. Das Haus ist nur zwei Meilen von der See entfernt und liegt nur zehn Meter über dem Wasserspiegel. Vierhundert Jahre war es in normannischem Besitz. Auch wenn nichts davon im amtlichen Führer steht, kann man sich einiges denken, was alles in dem küstennahen, hinter den Dünen versteckten Herrensitz geschah. Erst als die Seefahrer sich Kapitäne und Admirale nannten, spricht die Hausgeschichte von ihrer Tätigkeit. Man weiß von einem, der Bully Rouge hieß, und von Admiral Percy, der sehr jung Leutnant zur See wurde, weil er ein so vorzüglicher Postillon d'amour zwischen Lord Nelson und Lady Hamilton war.

Es weht ein scharfer Wind in der Grafschaft Cumbria, er schmeckt nach Salz und Abenteuer. Der Himmel ist unruhig, in ständig wechselnden Wolkenbildern. Eben noch eisblau, färbt er sich von der See her gelbbraun – die Stimme der alten Götter ertönt, von Regen und Hagel begleitet – und schmückt sich, die Tasse Tee ist noch nicht ausgetrunken, schon wieder mit sanften Lämmerwölkchen.

War es der unruhige Himmel oder das unruhige Blut, daß die Menschen hier bei so geschlossenen, blockhaften Formen der Häuser und in Levens Hall auch des Gartens blieben, um die Balance zu finden und zu halten? Der Westmoreländer hat offenbar gelernt, daß der Unruhe der Natur nur mit Gelassenheit zu begegnen ist, daß Tradition stark macht, nicht der Wechsel. Man rennt hier nur sehr gelegentlich dem Neuen nach. Das Land liegt breit und ruhig, von Hecken durchzogen, mit wahrhaft riesigen alten Bäumen bestanden, die dem Weidevieh Schatten geben. Und alles prägt hier der Wind, den Charakter der Bäume und den der Menschen.

Nur drei Bauphasen hatte Levens Hall hinter sich, eine um 1300, als William von Lancaster das Haus der Tochter und dem Schwiegersohn schenkte, dann um 1590, als es an eine Seitenlinie der Familie fiel, bis Colonel James Grahme es gegen Ende des siebzehnten Jahrhunderts erwarb und seine jetzige Form prägte.

Grahme war am Hofe von Jakob II. gewesen, dem letzten kunstsinnigen, katholischen Stuart. Nach dessen Verjagung vom Thron durch die Protestanten zog er sich auf Levens Hall zurück. Er war ein Mann von Bildung und schöpferischem Geschmack. Sein Schicksal, den Verlust des Hofdienstes in den besten Le-

Das Herrenhaus von Levenshall wurde um 1300 von den Lancasters begonnen, am Ende des 17. Jahrhunderts umgab ein Schüler Le Nôtres es mit einem Park, dessen Formen im wesentlichen erhalten blieben.

bensjahren, versuchte er zu meistern, indem er alle Kraft für die Neugestaltung seiner Umgebung einsetzte. Er kannte die ersten Künstler seiner Zeit, die für Jakob II. tätig gewesen waren, und konnte zumindest einige dafür begeistern, etwas für Levens Hall zu schaffen. Einer von ihnen war der Franzose Guillaume Beaumont, Schüler von Le Nôtre, den Jakob II. zur Gestaltung seines Parks in Bagshot und Hampton Court über den Kanal geholt hatte. Beaumont, hatte in Paris an der 1559 gegründeten Zentralen Gartenbauschule studiert, die sich mit allen damals bekannten Zweigen des Gartenbaus und besonders mit Gartenarchitektur befaßte. In dieser Schule waren auch schon der Vater und Großvater von Le Nôtre ausgebildet worden.

Die Gärtner und Handwerker mußten in erster Linie wohl den utopischen Traum von Colonel Grahme verwirklichen, dem trutzigen Normannensitz etwas vom Charme und Glanz höfischen Lebens zu geben. Von geschnittenen Buchenhecken getrennt, reihte sich Gartenraum an Gartenraum, lauter Zimmer im Freien, Staffage für Feste, Intrigen und Versteckspiele. Die Bedeutung dieses Gartens liegt nicht in einer reichen Pflanzensammlung, sondern in seiner historischen, geometrischen Form. Es ist ein von Männern erdachter und gestalteter, rein architektonischer Garten, wie er sich wunderbar auf dem Reißbrett zeichnen läßt. Solche Gärten haben gegenüber den späteren Landschaftsparks den nicht zu übersehenden Vorteil, daß sie regelrecht mit Pflanzen ›möbliert‹ werden können und nach ein bis zwei Jahren schon ihr endgültiges Gesicht zeigen, ein Gesicht, das allerdings unablässig mit der Schere gepflegt werden muß.

Zwischen 1690 und 1715 gestaltete Beaumont das Umfeld des Hauses neu, während im Inneren die Schreiner, Stukkateure und Holzschnitzer wirkten. Das damals geschaffene Ensemble von innen und außen – dem kleinen, aber exquisit und doch kraftvoll eingerichteten Herrenhaus und dem geometrischen Garten, durch Buchenhecken gegliedert und mit zu Figuren geschnittenen Eiben geziert – blieb bis heute fast unverändert erhalten.

Die Zeit der Herrschaft des neuen Königs, Wilhelms III. von Oranien, der Jakobs II. Tochter Mary geheiratet hatte, nachdem er zuvor diesen in der Glorious Revolution gestürzt hatte, brachte frischen Wind an den stark französisch orientierten Hof und zugleich auch neue Gartenideen. Die Blumenzwiebeln erwiesen sich schon damals als ein vorzüglicher Exportartikel der tüchtigen und geschäftstüchtigen holländischen Gärtner. Holländer brachten von ihren Fahrten über die Meere, gleich den Engländern, nie zuvor gesehene Pflanzen mit. Das Blumenbeet, das im Barockgarten etwas zu kurz gekommen war, konnte stärker in das Interesse der Menschen treten, ganz einfach, weil das Angebot an brauchbaren Pflanzen größer wurde. Aus Süd- und Nordamerika kamen viele sommerlang blühende Blumen, die verhältnismäßig einfach aus Samen nachzuziehen waren und die anhaltende Farbigkeit in die Rabatten brachten.

Hatte der Gartengestalter Beaumont aus Frankreich und von den Renaissancegärten die als Raumteiler exakt geschnittenen Hecken übernommen, so steuerte Holland nun den Figurenschnitt bei. Die irischen Eiben, in diesem Teil Englands beheimatet, die jeden Schnitt vertragen, erwiesen sich als das dafür geeignete Material. Mit viel größerer Energie als der Japaner an seinem Bonsai arbeitet, schnippelte Europa in dieser Zeit die kuriosesten Dinge aus seinen Gehölzen. Aus den ursprünglichen Kugeln und Würfeln wurden alle nur denkbaren Figuren, die sich manchmal im Laufe ihres

Lebens auch noch wandelten, so daß, wie in Levens Hall, aus zwei Spatzen zwei Löwen wurden.

Die letzten gärtnerischen Bauarbeiten fielen schon in die Zeit, in der man unruhig wurde in Sachen Gartengestaltung, in der man nach ganz neuen Wegen, neuen Ideen suchte. Eines der Ergebnisse dieser Suche aus einem veränderten Zeitgeist heraus war der Wegfall der Umzäunung nach Südwesten hin. Dort setzt sich der Garten scheinbar in einer großen Allee fort, in der Schafe und Kühe weiden, die Schönheit der ländlichen Umgebung in den Park einbeziehend. Ein für den Besucher unsichtbarer Graben hält das Weidevieh fern. Dieser Graben mit einer senkrechten Mauer zum Park hin muß eine solche Verblüffung bei den Zeitgenossen ausgelöst haben, daß diese Begrenzung den Namen ›Aha‹ erhielt. Sie heißt in England noch heute so.

Im übrigen aber war der Garten, wenige Jahre nachdem er fertig war, stilistisch völlig überholt, altmodisch. Die Feuergeister Addison, Pope und Kent brachten unter dem Einfluß Chinas die englische Gartenwelt in Bewegung; der Maler Kent empfing, nachdem er Bilder der kaiserlichen Sommerresidenz in Chengde in dem nordchinesischen Kreis Jehol gesehen hatte, den zündenden Funken, die umgebende Landschaft im Garten nachzugestalten.

Aber nun war Levens Hall gerade schön mit Hecken und Figuren bepflanzt, der großzügige und geniale James Grahme tot, sein Schwiegersohn, der Earl of Suffolk and Berkshire zu sparsam und zu weit entfernt, als daß er das Gewonnene wieder hätte verändern wollen. Die intensive Phase der Gestaltung des englischen Landschaftsgartens ging an Levens Hall vorüber, vielleicht, weil es sowieso in einer Gartenlandschaft liegt.

Seine Besitzer ertrugen gelassen den Spott Alexander Popes, der in einer Wochenzeitung den satirischen Katalog eines Gärtners veröffentlichte: »Adam und Eva in Taxus, Adam ein wenig beschädigt durch den Fall des Baumes der Erkenntnis im letzten großen Sturm; Eva und die Schlange kraftvoll wachsend. St. Georg in Buchs, sein Arm noch kaum lang genug, doch wird er im nächsten April in der Verfassung sein, den Drachen zu töten. Ein grüner Drache aus gleichem Material, einstweilen mit einem Schwanz aus kriechendem Efeu (N. B. diese beiden können nur zusammen verkauft werden). Verschiedene hervorragende Dichter in Lorbeer, etwas ausgeblichen, können für einen Heller losgeschlagen werden. Eine Sau von frischem Grün, die aber zum Stachelschwein aufgeschossen ist, da sie letzte Woche im regnerischen Wetter vergessen war u. a. m.«

Levens Hall behielt in seinem Figurengarten bis heute sein gekröntes Portal, seine Advokatenperücke, seine springenden Löwen (die zu erkennen einige Phantasie erfordert), seine Schneckenhäuser, erratischen Blöcke und vor allem den großen aufgespannten Regenschirm, fast acht Meter hoch und mit einem Stammdurchmesser von mehr als sechzig Zentimetern, was bei einer Eibe auf ein Alter von etwa tausend Jahren schließen läßt. Dieser Baum war vermutlich lange da, bevor William von Lancaster das Land als Brautgabe seiner Tochter schenkte, doch erst unter der Anleitung von Beaumont und Grahme wurde der windgeformte Baum zu einem aufgespannten Regenschirm. In einer späteren Zeit hat man den Figuren aus grünen irischen Eiben solche in gelben Formen zugesellt, um die Düsternis etwas aufzuhellen.

Phantasievoll geschnittene Eibenfiguren beherrschen den Park von Levenshall. Im Sommer sind sie mit bunten Blumen umpflanzt.

Alle Figuren sind durch niedrige Buchshecken verbunden, die mit bunten Sommerblumen zu Teppichbeeten bepflanzt sind. Der größte Baum des Figurengartens ist sein jüngster Bewohner, eine »nur« hundertfünfzig Jahre alte Zeder, die fast dreißig Meter hoch ist und die drei große Männer kaum umfassen können.

Der Baum, der mich am meisten entzückte, ein schwarzer Maulbeerbaum (in den dreißiger Jahren gepflanzt), ist zwar nur vier Meter hoch, aber er hat einen Durchmesser von fast acht Metern und trägt im Herbst so viele großen Brombeeren ähnliche, wohlschmeckende Früchte, daß eine ganze Ortschaft davon Marmelade kochen könnte.

Die Hauptachse des Gartens mündet nicht zentral auf die Mitte des Hauses, sondern an seiner südwestlichen Ecke. So kommt es nicht unbedingt zu jener Einheit von Haus und Garten, wie sie von der französischen Schule angestrebt wurde, doch ist es beeindruckend, durch die Schluchten der reichlich vier Meter hohen Buchenhecken zu gehen, die sich immer wieder zu Plätzen öffnen, die wie mit dem Zirkel gezogen sind. Es braucht nicht viel Phantasie, sich die bunten Seidenbrokatfräcke der Herren und die kunstvoll gekleideten Damen der Barockzeit vor dieser noblen, ruhigen grünen Buchenkulisse vorzustellen.

Doch was dem Betrachter als so mächtig und kraftvoll erscheint, ist zugleich das Sorgenkind der Besitzer. Im Wald braucht eine Buche rund hundertdreißig Jahre, bis sie reif ist für den Holzfäller. Freistehende Buchen werden im Mittel dreihundert Jahre alt, im Unterschied zu den Eichen, die mehr als das dreifache Alter erreichen. Regelmäßiger Schnitt, wie Hecken ihn erfordern, verlängert gewiß nicht das Leben der Bäume: trotz sorgfältigster Pflege wird die Vergreisung der Hecken spätestens auf die nächste Generation in Levens Hall als ganz großes Problem zukommen. Das unterschiedlich begrenzte Lebensalter der Pflanzen ist eine Schwierigkeit, mit der alle historischen Gärten fertig werden müssen, die jedoch bei den geometrischen Gärten und den Alleen mit viel größeren Mühen und Aufwand verbunden ist als im Landschaftspark. In Herrenhausen bei Hannover hat man, als die ersten Bäume der großen Allee ihr Lebensende erreicht hatten, die Allee gefällt, den Boden erneuert und junge Bäume gepflanzt, gegen den Protest der Bevölkerung. Man gab dem künstlerischen Konzept den Vorrang. Solche Radikallösungen sind nicht unbedingt zu bejahen. Vor allem erfordern sie einen hohen finanziellen Aufwand, wie er aus Familienvermögen kaum zu bewältigen ist.

Die langen Blumenrabatten, die den Garten von Levens Hall parallel zum Haus durchziehen, sind mit Stauden bepflanzt, in die aber auch Sommerblumen und Kleingehölze eingestreut sind. Besonders beachtenswert fand ich eine Gruppe von fast zwei Meter hohen, verholzenden Paeonien aus China, die Mitte Mai die Gartensaison eröffnen. Selten sah ich bisher solch prächtige Exemplare.

Die Stauden werden etwa alle vier Jahre im Herbst komplett aufgenommen, geteilt, von Wurzelunkräutern gereinigt und frisch aufgepflanzt. So bleibt dieser Teil des Gartens zwar ständig in Bewegung, aber die Bewegung hält ihn wuchskräftig. Der heutige Besitzer, Hal Bagot, ist jung und voller Tatkraft. Er hat Landwirtschaft studiert, bevor er 1975 das väterliche Erbe übernahm. Er ist ebenso stolz auf seine vier kleinen Kinder wie auf seine zweitausendsechshundert Mutterschafe, die von sechzig Böcken betreut werden (»sie müssen hart arbeiten«), und er empfindet sich zuallererst als Bewahrer des Ensembles und als Restaurator. Das mit Schiefersteinen gedeckte Dach wird allmählich erneuert, auch wenn die Kletterrosen, die die grauen Steinmauern umranken, für diese Arbeiten bis kurz über den Erdboden zurückgeschnitten werden müssen. Doch die wurzelechten Rosen treiben schnell kräftige neue Schoße, und nach wenigen Jahren sieht der Unkundige einen Unterschied nur noch in den Sorten.

Des Besitzers Liebe im Garten gilt vor allem den Bäumen. Er sammelt alle bekannten Buchen und hofft, daß bisher noch unbekannte entdeckt werden – vielleicht in Alaska, vielleicht in Tibet? So gilt auch sein besonderes Interesse den fast viereinhalb Meter hohen Buchenhecken, die den Garten gliedern. Außerdem gibt er sich alle Mühe, das Bowling Green des Gartens, das im Ersten Weltkrieg für einen Küchengarten umgegraben wurde, wieder in den Originalzustand zurückzuverwandeln. Eingesät ist der Rasen schon, doch damit er für Bowling benutzbar wird, müßte er täglich gemäht werden, in den Hauptvegetationsmonaten Mai und Juni sogar zweimal am Tag. Und das ist im Augenblick doch etwas kostspielig; vielleicht wird es gelingen, wenn Haus und Garten, die für das Publikum geöffnet sind, von noch mehr Besuchern betrachtet werden. Neben einer beachtlichen Gemälde-, Möbel- und Uhrensammlung im Haus gibt es auch eine Kollektion alter Dampfmaschinen und ein Kinderkarussell im Garten.

Die eigene kleine Gärtnerei zieht als Souvenir für die Besucher Gartenpflanzen in Töpfen an. Die Preise entsprechen denen deutscher Baumschulen, alles ist exakt mit botanischen Namen ausgeschildert, die Nachfrage gut. Zu den vier Gärtnern, die Park und Anzucht betreuen, kommen noch ›Trainies‹ der Regierung. Es sind dies Schulentlassene, die den Gärtnerberuf in irgendeiner Form anstreben, sei es als Gartenarchitekt oder als praktischer Gärtner, die aber noch keinen Lehr- oder Ausbildungsplatz bekommen konnten. Den Verkauf der Pflanzen an die Besucher hat eine zierliche weißhaarige Lady übernommen, mit Spitzenvolants an der blauen Bluse. Auf Anfrage schleudert sie jeden botanischen Namen wie eine Rakete heraus.

Als nach einem kurzen, heftigen Gewitter alle Gäste noch in der Cafeteria saßen und ich allein durch den Figurengarten bummelte, da wähnte ich mich tatsächlich in einem Land »Utopia«, vielleicht umgeben von den Türmen des himmlischen Jerusalem oder den Mauern einer der reichen Städte der Seidenstraße. Und als Literatur an diesem Platz schienen mir allein die Märchen von Tausendundeiner Nacht angemessen.

In den Gärten von Chatsworth

Die Stimme am Telefon war angenehm. »Sie kennen meinen Namen nicht, aber ich kenne Ihr Interesse an Gärten. Von meiner Urgroßtante habe ich Briefe geerbt, die ein Verwandter ihrer Mutter im neunzehnten Jahrhundert aus England geschrieben hat. Darin ist viel von einem berühmten Garten und Park der Herzöge von Devonshire die Rede, Chatsworth. Vielleicht interessiert es Sie?« Eine Woche später traf ein kleines Paket ein. Es enthielt ein in rosa-braunes Marmorpapier gebundenes Kästchen, mit einer blaßlila Seidenquaste verschlossen. Allein der Anblick entzückte mich. Doch dann erst Papier und Schrift! Die steilen Buchstaben, mit Feder geschrieben, die Tinte, die zu einem bräunlichen Violett verblaßt war! Wie wunderbar, an einem trüben Tag eine solche Köstlichkeit in Händen zu halten. Das war der Beginn einer reizvollen Bekanntschaft mit einer Reihe interessanter Menschen, deren Schicksal mich faszinierte, aber da es längst entschieden und gelebt, mich nicht belastete. Der erste Brief begann:

Chatsworth, am 22. Dezember 1826
Meine geliebte Cousine, Freundin meiner Seele!

Ich träume, Du habest diese Zeilen von mir mit Passion erwartet, verzeih mir, daß Du Dich so lange gedulden mußtest. Seitdem ich Dir im Mai meine Ankunft am russischen Hof gemeldet habe, ist so viel geschehen, und mein Leben hat sich verändert wie der Sonntagsanzug unseres Müllers, nachdem der Schneider ihn gewendet. Ich bin nun der erste Sekretär des VI. Herzogs von Devonshire! Der Herzog war zur Krönung des Zaren Nikolaus als Vertreter seiner Majestät, des britischen Königs George, nach Sankt Petersburg gekommen. Ich hatte die Ehre, ihm vorgestellt zu werden, und nach einem langen Spaziergang durch die Gärten, deren goldene Figuren wunderbar aus dem Grün der Hecken leuchteten, fragte er mich, ob ich nicht sein Sekretär werden wolle. Welch einzigartige Möglichkeit für Deinen schlesischen Bauernjunker! Über die Krönung hast Du in den Gazetten gewiß genug gelesen, es war ein prächtiger Anblick, nur wäre ich gern noch ein wenig größer gewesen, um noch mehr zu sehen, oder ich hätte ganz vorn sitzen wollen wie mein neuer Herr. Aber nun will ich Dir, liebe Nina, von meiner neuen Umgebung erzählen, damit Du Dir eine Vorstellung machen kannst über die glücklichen Verhältnisse, in denen ich mich jetzt befinde. Chatsworth ist eines der größten und prächtigsten Schlösser Britanniens mit einem Garten von vierzig Hektar Größe und einem zehnmal so großen Park dazu. Der Frühling kommt hier viel schneller als in Schlesien, man sagt, an Fastnacht haben schon die ersten Blumen im Unterholz des Parks geblüht. Leider sind sie mir ganz fremd, und ich kenne ihre Namen nicht. Aber ich habe mir vorgenommen, fleißig zu lernen, damit ich meiner lieben kleinen Cousine besser berichten kann. Das Haus – es ist ein Schloß, aber alle sagen hier ›the house‹ – ist in der Zeit der jungfräulichen Königin Elisabeth gebaut, als alle die Earls und Dukes sie als Gast bei sich sehen wollten, und jeder wollte ihr das Schönste bieten, weil jeder heimlich hoffte, er oder der Sohn könnten ihr Wohlgefallen finden und Prinzgemahl werden. Einen Garten gab es schon damals. Der Lustgarten war größer als der Küchengarten, und der war auch schon sehr stattlich. Später ist er immer wieder vergrößert und umgebaut worden, und ich denke, von dem ersten Garten blieb nichts als ein paar Balustraden und Figuren. Zur Zeit des Sonnenkönigs sollten Park und Schloß so glanzvoll wie Versailles sein, und man hat französische Meister und Ingenieure geholt, aber auch Holländer und Engländer. Ein Engländer, der viel für Chatsworth getan hat, Mr. Wise, wurde später der Hofgärtner von Queen Ann. Der I. Duke von Devonshire hat eine Menge Skulpturen in ganz Europa für den Garten gekauft und einen Berg samt Dorf abtragen lassen, die ihm die Aussicht versperrten. Daniel Defoe hat fabelhaft darüber berichtet. Du kannst es bei ihm nachlesen.

Später kamen durch die Heirat des IV. Duke mit Lady Charlotte Boyle, der Tochter Lord Burlingtons von Chiswick, dessen große Antikensammlungen und sein ganzer Reichtum dazu. Es muß ein rechter Überfluß an Schönheit und Geld geherrscht haben. Von dem Garten dieser Zeit ist noch viel erhalten, wenn auch Capability Brown 1761 den ganzen Rokokogarten im Auftrag des Großvaters meines Herrn herausgerissen hat, um einen englischen Landschaftsgarten daraus zu machen. Die Rasenflächen gehen nun vom Schloß nach Westen, Süden und Osten hinab zum Fluß Derwent, es gibt fast keine Treppen, sondern alles ist Berg und Tal. Bei nassem Wetter – und bisher habe ich England fast nur im Regen kennengelernt – ist das sehr unbequem, vor allem für die Damen. So überlegt mein Herr, den ganzen Garten und Park wieder zu verändern, ich mußte schon die alten Pläne und Bilder heraussuchen, und er schaut sie stundenlang zusammen mit unserem neuen Obergärtner Joseph Paxton an. Joseph ist wie ich erst dreiundzwanzig Jahre alt, klein und untersetzt wie Napoleon, und scheint mir voll Energie. Am liebsten würde er alles verändern, und ich habe große Angst in meinem Herzen, daß er den schönen weiten Garten zerbricht. Gestern hat er lange mit dem Herzog den Plan der großen Wassertreppe betrachtet, die von einem Pavillon gekrönt ist, aus dessen Dach das Wasser fließt, innen im Pavillon sich wieder sammelt und von Osten her auf das Haus zuwandert, um sein Leben dann dem Fluß zu schenken – aber das sieht man nicht genau.

Ich bin gern am Abend dort, wenn die Brunnen zurückgedreht sind und nur noch wenig Wasser flüsternd zu Tal fällt, der volle, silberhelle Mond seinen Schimmer über das Land gießt und mein Herz voll von Schönheit, aber auch Sehnsucht ist. Du siehst, liebes Cousinchen, meine schwärmerische Seele hat sich auch in der Fremde nicht verändert. Vor allem möchte diese Seele wissen, wie es einer gewissen kleinen Nina im fernen Schlesien geht, ob sie schon eine richtige junge Dame geworden ist, ob sie dieser Brief erfreut und sie zur Feder greifen wird, eine Antwort nach England zu senden.

Dein treuer Cousin Jury

Das Schloß der Herzöge von Devonshire aus elisabethanischer Zeit ist von einem ausgedehnten Park umgeben. Er wurde immer wieder umgestaltet. Strenge Heckenquartiere wurden durch Pflanzungen in Wellenform belebt.

Chatsworth, am 2. Februar 1827
Liebstes Cousinchen!

So fröhlich blies heute der Postillon in sein Horn, daß ich dachte, es müsse ein guter Tag werden. Und tatsächlich, es ist ein guter Tag, denn unter den vielen Briefen an den Herzog fand sich einer mit einer sehr zierlichen Schrift auf dem Couvert, an mich adressiert – Du wirst es schon erraten haben, es war der Deine. Welche Freude! Im ersten Überschwang habe ich sogar dem Herzog, der wirklich ein sehr gütiger und kluger Herr ist, ein Stückchen daraus vorgelesen, und Dein Interesse an seinen Gartenplänen hat ihn sehr erstaunt und erfreut. Er ist ein geselliger Herr und hat auch im Haus große Veränderungen begonnen. Ständig sind Handwerker und Künstler tätig. Ich glaube, das Haus, aber vor allem den Garten schön zu machen ist sein Hauptinteresse und eine rechte Leidenschaft für ihn. Du fragst, wie er aussieht. Er ist von hoher edler Gestalt mit einem schlanken, ovalen Gesicht, einer großen Stirn und einem energischen Kinn. Seine Ohren verraten durch ihre Form Weisheit, aber sie sind auch sein größter Kummer:

Seit seiner Kinderzeit hört er fast gar nichts. Doch da die Natur manches ausgleicht, ist sein Sinn für die Schönheit dieser Welt besonders entwickelt, und er ist ständig bemüht, seine Umgebung noch vollkommener zu machen.

Der neue Obergärtner Joseph Paxton scheint ihn darin gut zu verstehen, mein anfängliches Mißtrauen gegen ihn habe ich zur Seite gelegt, denn es ist sehr beachtlich, welch glückliche Verbesserungen des Gartens er in dieser kurzen Zeit vorgenommen hat. Im Küchengarten hat er die alten Gewächshäuser abbrechen und durch neue ersetzen lassen, sie sind nicht nur viel praktischer, sondern auch wunderschön anzuschauen. Der Herzog ist sehr echauffiert darüber und zeigt sie jedem seiner Gäste. Fast jede Woche bringt die Extrapost Kisten voll Pflanzen, die ich noch nie gesehen, ja von deren Existenz ich nicht einmal etwas geahnt habe. Zu meiner Zufriedenheit merke ich, daß es dem Herzog ebenso geht – aber mit der Ankunft jeder Sendung werden seine Freude und sein Interesse größer. Neulich kam ich dazu, wie er sogar persönlich beim Auspacken half, weil die Begeisterung ihn übermannte.

Paxton ist voller Pläne, und der Herzog läßt ihm in allem freie Hand, er muß über immense Summen verfügen. Paxton will eine große Sammlung noch unbekannter Bäume anlegen. »Arboretum« nennt man das. Er will herausfinden, welche Arten in England gut wachsen, wie groß sie werden, welche Qualität das Holz hier bekommt und wofür es sich verwenden läßt. Bestimmt alles sehr wichtige Sachen und klug von Mr. Paxton gedacht, aber den Herzog interessiert eigentlich nur ihre schöne Form. Damit man alles auch in vielen Jahren noch gut betrachten kann, pflanzt Paxton die Bäume rechts und links entlang des alten Weges innerhalb der Mauer, ich weiß nicht, wieviel Meilen lang, eine wundervolle Allee muß es eines Tages sein. Ich möchte eigentlich auch im Garten immer alles gleich richtig und fertig sehen, so, wie man ein Zimmer einräumt, wenn der Maler gegangen ist, aber die Engländer haben eine merkwürdige Vorliebe für Entwicklungen im Schneckentempo. Ich denke, in keinem anderen Land Europas hätte man so mutig die herrlichen großen französischen Barockgärten herausgerissen, um Täler und Hügel zu bauen und sie mit Unmassen kleiner Bäume, wie es mir heute scheint, viel zu dicht zu bepflanzen. Paxton reißt viele Bäume wieder heraus, die Capability Brown vor etwa siebzig Jahren gepflanzt hat. Es war an manchen Stellen ein richtiger Dschungel geworden, einmal habe ich mich in dieser Waldeinsamkeit verirrt und mich sehr als Fremder und allein gefühlt.

Paxton wird übrigens in Kürze heiraten. Miss Sarah Brown, die Nichte der Hausdame, man sagt, es sei eine reiche Partie. Kürzlich sind wir zu dritt unter den Nachtwolken am Fluß spaziert, und er hat mir die Geschichte seiner Ankunft in Chatsworth im Mai des vergangenen Jahres erzählt. Es war der Tag, an dem der Herzog zur Krönung des Zaren abreiste (bei welchem Fest ich ihn ja kennenlernen durfte). Paxton kam von London, wo er drei Jahre als einfacher Gärtner im botanischen Garten gearbeitet und die neu eingeführten Pflanzen betreut hatte. Dort sah der Herzog ihn, sprach mit ihm und hat ihn, gleich mir, ohne Umstände engagiert. Er kam an jenem Maimorgen mit der Post von London in der Frühe um halb fünf Uhr an. Alle Tore waren noch geschlossen. So stieg er über die Tür des Gewächshaushofes, denn niemand war zu sehen. Er betrachtete sich die Gewächshäuser und Mistbeetkästen, erforschte die ›pleasure grounds‹ und sah sich rund um das Schloß um. Dann ging er hinunter in den Küchengarten, besah sich die Außenmauer und erwartete die Leute, die um sechs Uhr zur Arbeit kamen. Dann ging er zum Haus zurück und ließ sich von Thomas Weldon die Wasserkünste einschalten. Endlich traf er die Hausdame Mrs. Gregory, die ihn in ihren Raum zum Frühstück einlud. Dort fand er deren Nichte Sarah Brown, und die beiden verliebten sich ineinander. »Und das alles an meinem ersten Tag in Chatsworth vor neun Uhr früh«, sagte er. Er hat einen offenen, fröhlichen Charakter und eine natürliche Autorität. Alle tun, was er will, sogar der Herzog. Er ist voller Ideen, und fast alle sind gut. Dem Herzog gefällt vor allem sein sicherer Geschmack und die Begabung, alles, was nur irgend möglich ist, von dem Vorhandenen zu verwenden. So wird die steinerne Balustrade, die bei dem Umbau des unteren Korridors überflüssig wurde, in den neuen italienischen Garten eingebaut, und die Serie der Büsten der »vergessenen Helden« soll das Dach des neuen Gewächshauses zieren. So können sie nicht vergessen werden. Eigentlich scheint mir ein Architekt an ihm verlorengegangen, seine Zeichnungen für die neuen Terrassen und die Treppen zum Fluß und im Park hätte kein Baumeister besser machen können. Aber er ist auch technisch klug wie ein Ingenieur. Ständig berechnet er die Möglichkeiten, die alten Brunnen und Fontänen zu besserer Leistung zu bringen. Wenn er erst einmal ein paar Jahre hier ist, wird Chatsworth anders aussehen.

Ich merke, die Freude über Deinen Brief hat mich heute recht geschwätzig gemacht. Ich möchte schließen und hoffe täglich auf eine Antwort.

Dein Cousin Jury

28. Juli 1827

Verehrte Cousine!

Dein Brief, der mir Deine bevorstehende Hochzeit mit dem Grafen S. ankündigt, hat mich im tiefsten Herzensgrund bewegt. Man kann dem Grafen nur gratulieren, daß es ihm gelungen ist, von einer Frau, wie Du es bist, ein Jawort zu bekommen, denn Deine Eltern haben Dich gewiß nicht gegen Deinen Willen verheiratet. Dir möchte ich aus reiner Seele alles Glück der Welt wünschen.

Dein Jury

Chatsworth, 23. September 1843

Verehrte Gräfin – oder darf ich Dich noch wie in alten Zeiten Nina nennen? Seit fünf Jahren bist Du nun schon wieder allein, und ich habe es jetzt erst erfahren. Meine Liebe, Du bist noch so jung, und ich ahne Deinen Schmerz. Michael, den ich vergangene Woche in London traf und von dem ich das Schreckliche erfuhr, sagte mir, daß Du zwei Kinder hast, ein Mädchen und einen Jungen. Ich bin gerührt, daß Deine Tochter den Namen meiner verstorbenen Mutter trägt, dafür danke ich Dir. Heute kann ich Dir nicht viel schreiben, das wirst Du verstehen, nur dies: ich habe vor gut zwei Jahren Lady Betty Amhurst geheiratet, da ich nicht Junggeselle bleiben wollte, wie mein Herr. Wir haben noch keine Kinder.

Ich möchte Dich unter vielen Tränen an meine Brust pressen.

Dein Cousin Jury

31. Dezember 1844

Nina, geliebte und verehrte Freundin meiner Seele!

Wie gut, einen Brief von Dir zu bekommen, nach so vielen Jahren. Deine Schrift ist noch schöner geworden, und ich wüßte gern, wie Du aussiehst. Und Deine Kinder!

Du schreibst, ich solle nicht fragen, sondern Dir erzählen von Chatsworth und seinen Menschen. So will ich es tun, doch wo soll ich anfangen? Es ist so viel geschehn in diesen mehr als siebzehn Jahren. Wir alle sind älter geworden, der Herzog zeigt oft eine leichte Melancholie, die er mit großen Festen, Reisen und Plänen für Haus und Park überdeckt.

Paxton hat eine reizende kleine Tochter, seine Frau nimmt ihm in wunderbarer Weise viele der täglichen Mühen ab. Sein Einfallsreichtum und seine Schaffenskraft sind größer denn je. Was er in die Hand nimmt an Arbeit, tut er so gründlich, daß ihm einfach alles zu gelingen scheint. Er ist ein rechter Tausendsassa. Wer Park und Garten von früher kannte und sie jetzt wiedersieht, wird sie kaum erkennen, so viel hat sich verwandelt. Und alle Wandlun-

gen sind Wandlungen zum Besseren. Er ist ein Mann von dämonischer Energie, der Herzog sagt oft im Scherz, die Geister einiger Druiden scheinen Mr. Paxton zu animieren, solch gewaltige Leistungen zu vollbringen. Er hat dreißig neue Gewächshäuser gebaut, viele davon beherbergen nur Orchideen. Der Duke hat vor einigen Jahren John Gibson, einen unserer Gärtner, nach Indien gesandt, seltene, neue Pflanzen für uns zu finden. Im Augenblick sind

Die Orangerie, ursprünglich Winterquartier empfindlicher Pflanzen, beherbergt noch heute eine Kamelie, die zur Zeit der Queen Viktoria dort gepflanzt wurde.

zwei unserer Gärtner in Canada auf Pflanzenexkursion.

Du würdest staunen, wenn Du nur einen Tag an unserem märchenhaften Leben teilnehmen könntest, das uns ganz normal erscheint. Allein daß kein Tag vergeht, auch nicht im kalten Winter, ohne daß frische Blumen aus unseren Glashäusern oder dem Garten die Zimmer des Herzogs und seiner Gäste schmücken. Es sind immer sehr erlauchte Gäste, und nun kann ich es nicht länger verschweigen: In diesem Sommer haben uns Ihre Majestät die Königin und Prinz Albert besucht. Es war ein großes Fest – alle Menschen der Umgebung waren herbeigeeilt, die königlichen Gäste zu begrüßen, die von vielen Noblen begleitet wurden. Lord Melbourne, the Duke of Wellington, Lord Palmerston, um nur drei der bedeutendsten Namen zu nennen.

Nach dem Tee vergnügten sich die Herrschaften im Garten und im Park und waren des Lobes voll über die wunderbare Ordnung der seltenen Pflanzen, der Treppen, Terrassen, Glashäuser. Alle waren gespannt, das neueste Meisterstück unseres guten Paxton zu sehen, das größte Glashaus der Welt. Es ist 97 Meter lang, 32,5 Meter breit und 20 Meter hoch und besteht nur aus Eisen, Holz und vor allem Glas. Als die Spannung ihren Höhepunkt erreicht hatte und der Duke die hohen Gäste endlich zu dem hinter hohen Bäumen geschützten Platz führte und sie das Wunderwerk sahen, brachen alle in laute Rufe des Entzückens und in Beifall aus. Paxton und ein Diener öffneten die Türen, und die Gäste konnten in ihren Chaisen durch diese exotische Feenwelt reisen. Palmen, Farne, Orchideen – ein Klang aus Farben und Düften. Sie wußten nicht, was sie mehr bewundern sollten, die Konstruktion eines so großen Hauses fast nur aus Glas oder die Pflanzen, die es barg, oder die malerische Weise, in der sie angeordnet waren. Und das alles ist Paxtons Werk.

Man sagt, die Idee zu der wirklich genialen Konstruktion des gewaltigen Glasbaues sei ihm beim Betrachten eines Blattes der schwimmenden Rose des Amazonas-Flusses, Victoria regia, gekommen, die zu Ehren unserer Herrscherin benannt ist. Ihre Blätter haben auf der Rückseite luftgefüllte Kanäle, die das riesige Blatt tragen, das eineinhalb Meter im Durchmesser erreichen kann. So hat er der Glaskuppel auch nach außen gefaltete Stege gegeben, die das Ganze halten.

Am Abend waren dann das große festliche Dinner und der Ball. Als die Dämmerung über das Land schritt, wurde die Herrscherin an die Fenster des Festsaales gebeten und fand, wie von Zauberhand, den ganzen Garten mit bunten Laternen illuminiert. Niemand konnte sagen, wie viele tausend Lichter da brannten. Besonders schön waren der Wasserpavillon und die vielen Fontänen anzuschauen, auch der Fluß war in den verschiedensten Farben erleuchtet. Je tiefer es dunkelte, desto wundervoller wurde das Bild. Garten und Landschaft schillerten wie ein bunter Sternenhimmel. Ich fühle, niemand, der es sah, wird das Bild jemals vergessen können, noch im Schlaf erscheint es mir immer wieder, und es ist mir, als sei in diesen Nachtstunden der Himmel auf die Erde gekommen oder die Erde zum Himmel geworden. In der Frühe des folgenden Tages wollte der Herzog von Wellington inspizieren, mit welchen technischen Mitteln Paxton das Wunderwerk vollbracht habe – doch es war im Licht der Morgensonne überhaupt nichts mehr davon zu finden. Unser ›Gärtner‹ hatte in der Nacht, als die hohen Herrschaften sich zur Ruhe begeben hatten, ganz still mit vier großen Arbeitskolonnen alles wieder weggeräumt, damit das Bild noch unwirklicher in Erinnerung bliebe. So steigerten sich an diesem Morgen

Erstaunen und Entzücken noch einmal, und Wellington sagte zum Herzog: »So einen Mann sollte ich haben wie diesen Paxton, er wäre sofort einer meiner Generäle.« ›Dieser Paxton‹, der immer das Zauberwort zu treffen weiß, ist (ich denke, daß ich Dir das nie schrieb) das siebte Kind armer Bauern, der außer Gartenbau nie etwas gelernt hat, dem aber eine große Genialität geschenkt wurde, die er zu nutzen weiß.

Der Besuch unserer Herrscherin war natürlich das wichtigste Ereignis dieses Jahres, und ich denke, ich sollte den Brief damit enden, denn alles andere könnte Dich danach nur noch langweilen. Ich küsse voll Ehrfurcht und Zuneigung Deine Hände.

Immer Dein Jury

Chatsworth, 14. November 1849

Verehrte Cousine Nina!

Da ich Dein Interesse an unserem gärtnerischen Leben und auch an dem mittlerweile so berühmten Joseph Paxton kenne, muß ich Dir heute schreiben, auch wenn ich lange nichts von Dir gehört habe. Dieser 14. November 1849 ist ein ganz großer Tag in seinem Leben. Als erstem in Europa ist es ihm gelungen, die herrliche Victoria regia zum Blühen zu bewegen. Vor sechs Tagen, am 8. November 1849, hat sich die erste Blüte im See unseres großen Conservatoriums, das Paxton gebaut hat, in reiner, vollkommener Schönheit geöffnet. In der ersten Nacht hat sie weiß geblüht, in der zweiten Nacht hat sie ihr Herzblut in die Blätter ihrer Blüte ergossen, daß sie ganz errötete, in der dritten Nacht ist sie ins Wasser zurückgesunken. Die Kunde von diesem wundersamen Ereignis ist bis zum Hof gedrungen, und die Königin hat Joseph Paxton zu sich eingeladen. Heute, jetzt zu dieser Stunde etwa, steht er vor ihr im Schloß zu Windsor und legt ihr eine Blüte und ein Riesenblatt der Blume, die ihren Namen trägt, zu Füßen. Die Königin der Wasserflora für die Königin der Meere. Die Augen des Herzogs schauen seit einer Woche wieder so fröhlich wie früher, was uns hier in Chatsworth vielleicht noch glücklicher macht als die wundervolle Blume.

Paxton ist übrigens jetzt viel in London, mehr in London und Liverpool als hier. In Liverpool baut er große Volksparks, aber in London – und nun wirst Du mir kaum noch glauben, liebe Nina, man baut dort nach seinen Plänen für die Weltausstellung im nächsten Jahr (wäre das nicht auch einmal für Dich ein Grund, London zu besuchen?) einen Kristall-Palast. Nach dem Bau unseres Conservatoriums hielt man ihn zu Recht dazu befähigt. Welch seltsames Leben ist diesem ›Gärtner‹ Joseph Paxton beschert worden, welche Triumphe hat er aus eigener Kraft, aus der Kraft seines Geistes und seines zähen Körpers erreicht. Seine Bücher und seine Zeitungen werden in der ganzen gebildeten Welt gelesen, die ›Emperors Fountain‹, die er zu Ehren eines geplanten, aber nie erfolgten Besuches des Zaren 1844 baute, ist mit den achtundachtzig Metern, die ihr Strahl an windstillen Tagen erreicht, immer noch die höchste der Welt. Die Gartenpläne, die er zeichnet und die alle begehren, sind nicht nur brauchbar, neu und gut, sie sind auch reizend anzuschauen. Die Pflanzenkenntnis, die er hat, wird kaum von solchen Herren wie William Hoocker oder John Lindley übertroffen.

Wirklich, liebe Nina, was für einen Lebensweg durfte ich da, betrachtend und manchmal schmerzlich teilnehmend, begleiten. Der Herzog nennt ihn »einen Freund, wie ein Mann ihn sich nur wünschen kann«. Und nun heute der Triumph vor der Königin! Ich mußte Dir das schreiben, denn meine Gedanken sind sehr oft bei Dir, offenbar öfter, als Dir wichtig ist.

Dein alter Jury

Leider war das Kästchen nun leer, kein Brief mehr darin. Die Briefe hatten mich so sehr in ihren Bann geschlagen, daß ich entschlossen war, zu erkunden, was von den Leistungen des VI. Duke und Paxtons nach fast hundertfünfzig Jahren geblieben ist, und zu erfahren, wie ihr Leben nach 1849 verlief.

Vielleicht zunächst dies: Joseph Paxton wurde zwei Jahre später geadelt und Mitglied des Parlaments. 1858 stirbt der Herzog achtundsechzigjährig. Paxton verläßt daraufhin Chatsworth endgültig und wird Direktor der Britischen Eisenbahn. Paxton erreicht nur ein Alter von zweiundsechzig Jahren. Seine Tochter, die man einmal so reizend, als kleines Mädchen auf einem Blatt der Victoria regia stehend, gezeichnet hatte, wird seine Biographin. Aus unerfindlichen Gründen heißt die große Wasserrose nun Victoria amazonica.

Schloß und Garten glänzen auch heute in großer Schönheit. Leider hat man Paxtons berühmteste Tat, das große Glashaus, 1920 abgerissen, weil sich nach einem Tunnelbau für die Eisenbahn der Grund gesetzt hatte und für die Reparatur Verständnis oder Geld, oder beides, fehlte. Aber die Technik seiner Konstruktion war jetzt dem Direktor des Frankfurter Palmengartens, Gustav Schoser, Vorbild für das große Tropicarium. Das Kamelienhaus, von Paxton geschickt wie einzelne Glaskästen an eine Mauer gebaut, steht noch, und im Frühling blüht darin die große Camellia reticulata aus Südchina mit dicken, fast pfingstrosengroßen dunkelrosa Blüten, die Paxton dort gepflanzt hat. Es fiel mir schwer zu glauben, daß das Haus vor mehr als hundertvierzig Jahren gebaut wurde, denn sein Stil ist absolut postmodern. Neu ist das große, typisch englische Staudenbeet, dessen größte Schönheit sich alle Jahre im Juni zeigt.

Die Wasserleitungen, Zisternen und Kanäle, die Paxton geplant hat, funktionieren noch und versorgen Brunnen und Fontänen. Die Spuren, die er legte, sind bis heute geblieben; auch wenn an einigen Stellen die Zeit weiterging, an anderen hat man das Gefühl, sie sei stehengeblieben. Der deutsche Zeitgenosse Sir Joseph Paxtons, Freiherr von Eichendorff, schrieb ein paar Zeilen, die fast von Wilhelm Busch sein könnten: »Die handeln und die dichten – / Das ist der Lebenslauf, / Der eine macht Geschichten, / Der andre schreibt sie auf!«

Der Garten von Arley Hall

Seit fünf Jahrhunderten ist Arley Hall Familienbesitz. Seit fünf Generationen arbeitet die Familie intensiv an der Gestaltung der Gärten. Odar, der Normanne, war die Wurzel des Geschlechtes, der jetzige Besitzer ist Michael Flower, Sohn des zehnten Viscounts Ashbrook. Ein Garten wie ein Blumenstrauß. Aus vielfältigen Formen, Farben und Räumen setzt sich das Bild zusammen. Dieser Garten ist nicht nur Spiegel seines heutigen Besitzers. Wie im Facettenschliff leuchten die Stilprägungen der früheren Familienmitglieder auf. Die in Lachs-Tönen klingenden Rosen im Flag-Garden, dessen Umfriedung die Großmutter Antoinette im Jahr 1900 zuerst anlegte, scheinen körperliche Ähnlichkeit mit Lady Elizabeth Ashbrook zu haben, wenn die Einundsiebzigjährige zart und ganz zerbrechlich, begleitet von ihrem Pekineser Hündchen, durch den morgendlichen, nebelfeuchten Park geht. Die Auswahl der Pflanzen, der Farben im Flag-Garden ist ihr Werk. Dieser etwa hundert Quadratmeter große Garten im Garten ist quadratisch und streng geometrisch. Im Zentrum eine kleine Bronzefigur, deren Patina die Farbe des graugrünen Helychrysum aufnimmt, das ihr zu Füßen wächst. Alle Floribundarosen sind gestimmt von einem hellen Lachsrosa über Lachsgelb bis hin zum zartesten Schwefelgelb, durchwachsen von niederem Lavendel. In der Sammlung von Clematis, die die hohen Ziegelmauern beranken, die an drei Seiten den Garten behüten, tönt die Lavendelfarbe weiter. Hellviolette Waldreben halten sich auch noch an der ernsten Eibenhecke, die das Quadrat schließt. Der Duft von Rosen und Lavendel kommt in warmen Wellen zur grauen Steinbank und zeigt dem Betrachter, woher der Wind weht. Von den großen Wegplatten sind einige aufgenommen und die Stellen mit blauen Vergißmeinnicht, später mit mauvefarbenem Argeratum, ausgefüllt. Silberfarbene Flechten kriechen über graue Steine. Aus alten Schriftzeichen wächst Moos und gibt den Mitteilungen längst vergangener Generationen die Farbe der Hoffnung. In der Gestaltung dieser vielleicht hundert Quadratmeter ist die lebenslange Freundschaft der Lady Ashbrook mit dem großen englischen Gärtner und Züchter James Russel zu spüren. So ist gerade dieser Teil auch das Dokument einer langen Reihe guter Gedanken und Gespräche zwischen zwei Menschen. Der ganze Garten ist etwa drei Hektar groß und hat eine Form, die einem unregelmäßigen Dreieck ähnelt. Östlich dieses Dreiecks, vor dem großen, nicht mehr benutzten Herrenhaus, dehnt sich Weideland, von riesigen, vielleicht tausendjährigen Eichen beschattet. Die Familie nennt es ›the parc‹. Es ist gut, daß das Paar, das in der ersten Hälfte des vergangenen Jahrhunderts das Haus baute und die Grundlinien der Gärten im Garten zog, daß Rowland und Mary Egerton-Warburton die Weidelandschaft ließen, wie sie war, daß sie nicht im Stil des englischen Landschaftsgartens Durchblicke freischlugen.

Hinter den Mauern und Hecken von Arley Hall erwarten den Besucher Überraschungen in vielen unterschiedlichen Gartenräumen.

Als Erbe eines kinderlosen Onkels wurde Rowland Egerton-Warburton mit neun Jahren Besitzer von Arley Hall, das etwa fünfunddreißig Kilometer südwestlich von Manchester in der Grafschaft Cheshire liegt. Als er Mary begegnete, fing er an zu bauen. Das mehr als hundert Jahre alte Haus schien ihm zu unbequem für seine schöne Frau, er riß es ab und baute dreißig Jahre an dem neuen Herrensitz, in einem Stil, den sein Architekt ›elisabethanisch‹ nannte, obwohl die südliche Hauptfront mit einem ›Bavarian Tower‹ über dem Eingang gekrönt wurde. Dieser Bayrische Turm ist wegen Baufälligkeit vor etwa fünfzehn Jahren entfernt worden, was der Optik des Hauses gewiß nicht schlecht bekam.

Rowland und Mary, die fünfzig Jahre glücklich verheiratet waren, reisten gern und brachten viele Anregungen vom Festland mit, die sie mehr oder minder gut verwerteten. Daß der Garten nicht als typischer englischer Landschaftsgarten gestaltet wurde, ist gewiß eines der Ergebnisse dieser Reisen.

Heute setzt sich das Gartengebiet aus etwa zehn Gärten im Garten zusammen, eine vielfältige, immer wieder für Überraschungen sorgende Sammlung, die manchem als ein Durcheinander erscheinen mag, den unbefangenen Betrachter jedoch erfreut und unterhält, ihn den Garten viel größer empfinden läßt.

Rowland und Mary zogen die Linien des Gartens: jede Generation füllte andere Teile mit Blumen und Farben ihrer Zeit. Der Landschaftsgarten begann um 1830 in England gerade wieder unmodern zu werden, die Welle der Rückbesinnung auf geometrisch aufgeteilte und mit Blumen gefüllte Gartenräume setzte ein. Diese Form des Designs war leichter von Laien in den Griff zu bekommen, und die vielen damals ins Land kommenden, bisher unbekannten Pflanzen konnten in solchen überschaubaren Gartenräumen besser zur Geltung gebracht werden. Lady Elizabeth Ashbrook betont, daß es einfacher sei, in kleinen Gärten ein Ordnungsprinzip für höchst unterschiedliche Pflanzen und ihre verschiedenen Lebensansprüche zu finden.

Was seit 1840 fast unverändert blieb, ist vielleicht die Erfindung von Rowland und Mary, die seitdem nicht nur England, sondern fast die ganze Welt erobert hat: die Stauden-Rabatte. Sie liegt im Zentrum des Gartens und ist auf der einen Längsseite von einer fast dreieinhalb Meter hohen Ziegelmauer gefaßt, die, aus ganz unterschiedlichen Klinkern gebaut, eine reizvolle Unregelmäßigkeit zeigt. Die Mauer bildet zugleich die südliche Rückfront der ehemaligen Gemüsegärten. Eine fast ebenso hohe Eibenhecke begrenzt die zweite Seite der doppelten Staudenrabatte. Der mittlere, grasbewachsene Weg führt hundert Meter weit durch ein sechs Monate lang blühendes Paradies, das sich dem Durchwandernden wie ein Film entrollt. Den View point bildet eine Gartenlaube, die seit Rowlands Zeit hier steht. Perspektive und Gliederung werden noch gesteigert durch meterdicke Eibenriegel, die sich bis über die Mitte der Beete vorschieben. Die Gestaltung und Erhaltung einer solchen Rabatte setzt genau das voraus, was der Stolz jedes englischen Gärtnerherzens ist: große Pflanzenkenntnis, Einfühlsamkeit in unterschiedliche Standortwünsche der einzelnen Arten auf engem Raum, Sinn für Farben, Strukturen, Harmonie.

Die Stauden, die auf die Zwiebelflora des Frühlings folgen, beginnen Anfang Juni zu blühen, wenn in den benachbarten Gartenräumen Rhododendren und Azaleen stiller werden und die unter den Gehölzen versteckten Narzissen das Laub einzuziehen beginnen. Dann ist dem reinen Blau von Rittersporn, Glockenblumen und Geranium ein schwaches Schwefelgelb von Königskerzen beigemischt. Im Juli ist die Explosion der Farben kaum noch zu halten. Zum Herbst hin endet das Gartenfeuerwerk in einer schwermütig durchglühten Symphonie.

Von der Gartenlaube kommt man am Tennisplatz vorbei zu einem der reizvollsten Gartenteile. Der sehr kleine ›Fish-Garden‹, der zwischen den Kriegen entstand, ist neben dem ›Flag-Garden‹ vielleicht der ausgewogenste Punkt der ganzen Anlage. Aus einem etwa drei Quadratmeter kleinen, regelmäßig geformten Teichlein, in dem Zwergseerosen wachsen, springt ein Bronzefisch und gibt dem Garten seinen Namen. Zartblaues Männertreu umrundet und vergrößert die Wasserfläche, die Farbe des Himmelsspiegels weiterführend. Acht graugrüne Chamaecyparis ›Ellwoodii‹, die langsam und behäbig wachsen und durch die Schere der Gärtner (vier sind es für den ganzen Park) in Tropfenform gehalten werden, umstehen den Teich. Das Ganze ist ein zierlicher Senkgarten, das heißt, die Mittelfläche liegt knapp um Sitzhöhe tiefer als die Umgebung. Die Trockenmauer, die die Höhe überwindet, ist mit Polsterstauden bewachsen. Am Rand dieses Gebietes hat Rowland seine Lieblingspferde begraben und Nachrufe in Stein meißeln lassen. »For hungry worms, here lies a noble dish / Horse flesh by nature and by name Saltfish«.

Im Jahre 1960 entschloß sich die Familie, die Gemüsekultur für den Verkauf aufzugeben, die Gärten umzugestalten und der Öffentlichkeit zugänglich zu machen. Dies war die Grundlage dafür, daß Arley Hall gut dreißig Jahre später zu Englands schönstem Garten, dem ›Garden of the Year‹, gekrönt wurde. Der große alte Küchengarten, den Rowland und Mary schon etwa 1835 von der hohen Ziegelmauer umgeben ließen, um Salat, Gurken und Kohl gegen den herben Seewind zu schützen, ist heute ein ruhiger Gartenraum, umwachsen von einer Sammlung seltener Sträucher und Kleingehölze, gefüllt mit englischem Rasen und einem ornamental geformten Seerosenteich im Zentrum, dessen Vorbild im Vatikan zu finden ist. Anmutige weiße Strauchrosen der Sorte ›Schneewittchen‹ umblühen ihn. Vor die Gehölze der Umrandung sind unterschiedlich rote Floribundarosen gepflanzt, die blaue Katzenminze zusammenbindet. Steinerne Fabeltiere sitzen in den Hecken, die Besucher zu erschrecken.

Es ist der größte der Gärten, leicht könnten bei einem Fest tausend Gäste in seinem gestreckten Rechteck Raum finden. So ist auch Platz genug für die stark in den Blattfarben variierenden Sträucher, ohne daß sie sich gegenseitig stören. Vieles ist in diesem gesegneten Land winterfest, das wir in Deutschland nur mühsam als Zimmerpflanze kultivieren können. Als Lady Ashbrook 1962 ein Embothrium coccineum pflanzte, hielten alle Nachbarn das für verlorene Liebesmüh. Trotz seiner chilenischen Abstammung hat es bisher alle Winter überdauert. Im Mai und Juni verwandelt es sich in einen flammend orangerot blühenden, sechs Meter hohen Feuerbusch.

Doch alle hundert Jahre hat auch England einen Winter, der große, oft überraschende Verluste bringt. Man kann mit keinem englischen Gartenbesitzer sprechen, ohne daß der Winter 1981/82 erwähnt wird. In jedem Garten hat er Lücken hinterlassen, bedeutete er Abschied von Schützlingen vieler Jahre. In Arley Hall starb eine mehr als hundert Jahre alte Magnolia grandiflora, die immergrüne Magnolie Amerikas.

Im kleinen Küchengarten, der heute noch für den Eigenbedarf genutzt wird, trifft der Besucher auf dicke Tuffs herbstblühender wilder Alpenveilchen, deren Knollen die Spannbreite einer kräftigen Männerhand haben. Sie haben sich fest eingenistet unter einer Hecke Rosa rugosa der Sorten Belle Poiteveue und Blanc Double de Coubert. Verläßt man diesen zugleich schönen und nahrhaften Teil des Gartens durch die Pforte in der östlichen Mauer, so kommt man zu zwei Lieblingsplätzen der Lady Ashbrook, dem Kräutergarten und der Duftecke. Ganz überraschend bietet sich die Nützlichkeit des Kräutergartens dar, geometrisch geformt, mit einer schlanken, hohen Steinurne aus der Zeit Napoleons im Zentrum. Die Duftecke hat ihren Höhepunkt im Sommer, wenn die aristokratischen asiatischen Lilien über wildem Reseda blühen.

Diese beiden Gärtchen liegen an dem ›Terrasse‹ genannten Weg, dem Furlong Walk, der, zweihundertzwanzig Yards lang, die Gärten vom Weideland trennt. Er beginnt vor dem alten Herrenhaus und führt in südwestlicher Richtung zum runden Platz der Sonnenuhr. Stauden säumen ihn, und auf halbem Weg findet man, hinter hohen Strauchrosen versteckt, einen ›Teepavillon‹, ein unverputztes Fachwerkhäuschen wie aus *Hänsel und Gretel*. Süß duftendes Geißblatt rankt auf einer Seite bis aufs Dach, Clematis schmückt die andere Längswand. Den Strauchrosen gilt die besondere Liebe der Lady Ashbrook, seitdem sie durch einen Zeitungsartikel von Vita Sackville-West auf sie aufmerksam wurde. Sie entdeckte, daß diese alten Sorten viel besser bei ihr wachsen als die Floribunda- und Teehybridrosen. Sie sagt: »Oder sie lieben uns mehr.« Als die Schönste von allen gilt ihr die einmalblühende, zartrosa, fünfblättrige Rose ›Sancta‹, die ein Reisender in den Höfen christlicher Sanktuarien in Abessinien fand.

In die Mittelachse des runden Platzes der Sonnenuhr führt eine seltsame Allee. Von einer Italienreise brachten sich Rowland und Mary vierzehn Quercus ilex mit, eine seltene immergrüne Eiche, deren Blätter eine reine Ilexgestalt haben. Sie wurden zu kubischen Säulen ›erzogen‹, die gut drei Meter hoch sind und reichlich eineinhalb Meter dick. Die Allee flankieren zwei kraftvolle barocke Steinvasen, die Stufen zum Platz sind eingebettet in Rosen.

Nach Westen führt von hier ein Weg zum Felsgebiet, das früher einen Steingarten barg. Doch die umgebenden Eichen, Ahorn und Eiben wurden zu groß und nahmen den lichthungrigen Alpenpflanzen die Sonne. So änderte man die Struktur des Gebietes. Aus den Erinnerungen der Großeltern an bayrische Alpen wurde ein Azaleen- und Rhododendrongarten. Große Farne umstehen einen schlanken, natürlichen See. Es ist ein schattiger, ruhiger Ort, der im Frühling in der Azaleenblüte und im Herbst vor dem Blattfall in kräftigen Farben aufglüht.

Moosige feuchte Pfade führen im äußeren Gartenring weiter nach Norden unter hohe, mächtige Bäume zum ›Wild-Garden‹. Hier beschränken sich die Eingriffe der Gärtner aufs Auslichten zu dicht wachsender Äste und auf zweimaligen Grasschnitt, um die vielen Zwiebelblumen, vor allem Narzissen, über Jahre hin zu erhalten und zum Verwildern anzuregen.

In dieser Gegend hat sich Michael Flower

Die bunten Staudenrabatten von Arley Hall waren in ihrer Gestaltung Vorbild für viele andere englische Gärten.

für seine Frau und die drei Kinder einen Bungalow gebaut. Seitdem er seine Rechtsanwaltspraxis in London aufgab, um das väterliche Erbe anzutreten, wohnt er hier. Sein Interesse gilt weniger der kunstvollen Form des Gartens als seinen Pflanzen, vor allem den Bäumen.

Seine Mutter Lady Ashbrook hat viel für das Gesicht des Gartenensembles getan. Man spürt, wie es unter ihren Händen zart, sanft und ästhetisch wurde. Überall empfindet man ihre Liebe zu Pastelltönen und silberlaubigen Pflanzen. Sie sagt, daß sie immer bemüht war, die Originalform der Mauern, Hecken und Wege zu erhalten, aber das sei nur der Rahmen, in dem das Bild sich entwickelt. Anders als ein Gemälde sei der Garten ein lebendes Bild, das sich im Jahreslauf unentwegt verändert. Dieser Wechsel schafft Probleme, aber er kann genauso als eine Herausforderung verstanden werden, in der gerade die Faszination für den Gärtner liegt. Sie sagt: »Das Bild ist niemals fertig. Im Garten ist immer die Chance für ein besseres Morgen.«

Cotswolds

Die Cotswolds, das Herzstück Englands, sind durchweht von den Geistern berühmter Hexen, Zauberer und Krieger. Am offenen Feuer sitzend, ahnt man ihre Gegenwart: kühl weht es in den Rücken. Durch den Kamin scheint im Windstoß das Heer der wilden Reiter zu stürmen. Glut wirbelt auf. In mondhellen Sommernächten, wenn Tau und Nebel sich auf die Wiesen legen, wenn man glaubt, Erlkönig in den Weiden am Bach singen zu hören, dann ziehen die Schafe mit ihren Lämmern übers Land – oder sind es die Schleier weißer Frauen? Die kleinen Trittspuren in feuchter Erde, waren das Elfenfüße? Die Cotswolds, im Dreieck zwischen Worcester, Bristol und Oxford gelegen, sind ein Land der Träumer, romantischer Weltverbesserer, Schönheitssucher und Geschichtswissenschaftler. Römer waren hier lange seßhaft, die Rosen-Krieger zogen hindurch, und Cromwell schlug in der von sanften Hügeln und Tälern getragenen Hochebene seine Schlachten gegen Charles, den ersten König der Stuarts. In Broadway, der kleinen, aus honigfarbenen Kalksteinen gebauten dörflichen Stadt, hatten beide in dem alten Herrensitz Lygon Arms abwechselnd ihre Standquartiere. Oliver Cromwell führte die Rundköpfe des Parlaments bei ihrem Aufstand gegen die ›Kavaliere‹ des selbstherrlichen Königs, der dem Parlament die Mitsprache bei seinen Kriegen gegen Schottland und Irland verweigern wollte. Cromwell siegte. Charles I. wurde am 30. Januar 1649 hingerichtet, die Stuarts blieben vorläufig an der Macht, das Parlament erklärte England zum Commonwealth. Eine neue Zeit hatte begonnen. Lygon Arms ist heute ein berühmtes, kultiviertes Landhotel mit schönem Garten. Wer will, kann sich in Cromwells Schlafzimmer einmieten.

Wenige Meilen südwestlich liegt SUDELEY CASTLE, das weitläufige Schloß, in dem Charles I. sich viel lieber aufhielt als in dem bescheidenen Broadway. Der heckendurchzogene Park, in den das Schloß gebettet liegt, hat einen reichen alten Baumbestand, der lange vor der

Herrschaft der Stuarts angelegt wurde. Sein weit sich hindehnender Rasen ist im Frühling überblüht mit Millionen von Zwiebelblumen: Krokus, Scilla und immer wieder den Lieblingsblumen der englischen Bürger, den Narzissen. Es ist dies einer der seltenen Parks, einer der wenigen Gärten Europas, dessen Geschichte tausend Jahre zurückreicht.

Honiggelber Kalkstein, typisch für Bauten in den südenglischen Cotswolds, bilden einen einmaligen Hintergrund für Kletterpflanzen und Blumen.

Hidcote Manor ist dagegen ein ganz junger Garten. Er wurde erst 1907 von einem Amerikaner begonnen und untersteht seit einigen Jahrzehnten dem National Trust. Sein Name ist fast jedem Garten-Enthusiasten bekannt, und wenn man in England Sachkundige nach den schönsten, jederzeit für das Publikum geöffneten Gärten fragt, so ist dieser Name fast immer unter den Antworten. Die Bedeutung von Hidcote Manor, dessen Haus im siebzehnten Jahrhundert erbaut wurde, liegt in seiner ungewöhnlich reichen Pflanzensammlung, die hervorragend gegliedert ist. Der ausgemusterte amerikanische Major Lawrence Johnston hat sich auf den sein Haus umgebenden Feldern den Traum seines Gartens verwirklicht.

In der Umgebung von Hidcote Manor schwingen in ruhiger Gleichmäßigkeit die Täler und Hügel durch die ganzen Cotswolds bis weit in die umliegenden Grafschaften hinein. Es ist kein spektakuläres Landschaftsbild, doch es ist die Art von Landschaft, die das Bild, das der Kontinent von England hat, am besten widerspiegelt. Entlang der Straßen, die nur selten zu überraschenden Kurven neigen, ziehen sich Meile um Meile graugelbe Steinwälle, die auch die Felder teilen. Locker haben die Bauern hier aufgeschichtet, was sie auf ihren Schafweiden störte. Im Laufe der Jahrhunderte hat sich in den Fugen eine bunte Kalkflora entwickelt, die jedem Gartengestalter zum Vorbild dienen kann, Trockenmauern zu bepflanzen. Nicht alles, was man dort findet, war ursprünglich in England heimisch, vieles haben Vögel aus den Gärten ausgeschleppt, oder es kam mit Kompost hierher. Es ist eine in jeder Beziehung offene Landschaft, nur gelegentlich hält eine kleine Gehölzgruppe die Augen fest, deren Boden im Mai überdeckt ist mit blauen Scilla hispanica, die man in England ›Blue Bells‹ nennt und die einst einer berühmten Tanztruppe den Namen gaben. Aber ich fand auch in feuchten Wäldern den Boden bedeckt mit neapolitanischem Knoblauch, der vielleicht von römischen Küchengärten übrigblieb.

Die großen, einsam in der Feldflur stehenden Ulmen und Eichen hat der Wind geformt. Das harte Leben in Küstennähe hat ihnen eine starke, herbe Schönheit verliehen. An besonders exponierten Geländeerhebungen werden die Steinwälle von Hecken abgelöst, die man höher erziehen kann, den Wind zu brechen. Sie sind bunt wie Patchwork gepflanzt und ineinander verschlungen, immergrüne Eiben, Weißdorn, Ahorn, Rot- und Hainbuchen, Hasel und wilde Rosen. Im Frühling, wenn das junge Laub fast täglich seine Farbe und Struktur verändert, ist es besonders schön anzuschauen.

Im achtzehnten Jahrhundert, als die Begeisterung für den neu entdeckten landschaftlichen Gartenstil hoch aufschäumte, kam es zu einer Bewegung, die ganze Landschaft in einen Garten zu verwandeln. Die Cotswolds waren das ideale Gebiet dafür: das wohlmodellierte Gelände, die vielen kleinen Bäche und Flüsse, die Teiche, in denen wilde Schwäne und allerlei Wildenten zu Hause sind, die Harmonie, die das in keiner Weise spektakuläre Land verströmte. Es schien in sich schon ein Paradies. Mir war es fast des Guten zuviel, als ganze Alleen aus Goldregen die Landstraßen überwölbten – so romantisch und faszinierend es ist, im offenen Cabriolet an einem strahlenden Maitag durch eine solche Allee zu fahren. Trotz der modernen Fortbewegung erschien es mir wie eine Märchenwelt: »Bäumchen rüttel dich, Bäumchen schüttel dich, wirf Gold und Silber über mich« – war ich je ein Aschenputtel zuvor? Ich hatte es längst vergessen.

Wie sind die Menschen, die diese Landschaft formten und die von ihr geformt wurden? Die ihre Gefühle und Gedanken an ihr bildeten? Es ist Shakespeares Land. Falstaff sagt über einen von dort: »Häng ihn, Herr, sein Hirn ist so zäh wie Tewkesbury-Senf.« Das Land präsentiert trotz dieser schlechten Meinung eine lange Liste großer Söhne und Töchter. Aber auch die Menschen der kleinen Häuser kennenzulernen, ist nicht schwierig, man braucht dazu nur den rechten Zauberschlüssel: Die schmale Broschüre ›Gardens of England and Wales open to the public‹ ist zu haben bei The National Garden Scheme, East Clandon, Guildford GU4 7RT. Darin findet man, nach Grafschaften geordnet, die Anschriften von Privatleuten, die zu dem im Büchlein angegebenen Termin ihren Garten für jedermann offenhalten. Meist muß man durch die schönen kleinen Städte hindurchfahren, an schwarzweißem hochgiebeligem Fachwerk vorüber oder durch steingebaute Dörfer, die niedrigen Häuser ganz überrankt von Rosen, Clematis oder Jelängerjelieber. Die Gärten finden sich fast immer in den Randbezirken oder bei alleinstehenden Cottages.

Jeder solche Ausflug ist für Überraschungen gut. Gewissenhaft vermerkt der Führer für alle Gärten den Reiseweg und wo in der Nähe Tee getrunken werden kann. Die Eigentümer vieler Gärten haben klangvolle Titel, aber man kommt auch in kleine Bauerngärten, in denen nichts zu finden ist als die große Liebe der Besitzer zu ihren Pflanzen. Doch in allem spürt man, daß diese Gärten die Essenz des geduldig erworbenen Wissens sind, das mehr als nur eine Generation gesammelt hat.

Als kurios empfand ich den vielleicht einen Hektar großen GARTEN AN EINEM HANG, von zwei natürlichen Bächen durchströmt, die sich in der Sohle zu einem kleinen See vereinen, ehe sie als Flüßchen den Garten verlassen. Kiefern und Laubbäume hüllen den Hang in einen lichten Schatten, der ganze Gartenboden ist bedeckt mit Etagenprimeln, nichts als Etagenprimeln, einigen Hunderttausenden der farbenfrohen Primula-Bullesiana-Hybriden aus den Südwestprovinzen Chinas, deren zart bemehlte Stiele über grundständigen Blättern bis zu zen Blüten-Stockwerke tragen. Etwa drei Wochen währt ihre Blüte, da feiert der Garten Hochzeit, die Gäste strömen. Während der übrigen neunundvierzig Wochen gibt er sich bescheiden grün.

Oder ich kam südlich Worcester nach einigem Suchen zu einem Park, der sich hinter einer hohen Mauer verbirgt. Am schmiedeeisernen Tor stauten sich die Menschen, und es ging eine lange Einfahrt links am Haus zwischen Hecken entlang, tief in den Garten hinein. Nichts versprach originell zu sein. Doch dann weitete sich der Weg hinter einer Biegung zu einem Platz. Vier wasserspeiende Fabeltiere aus Nordindien umstanden eine steingefaßte Seefläche. War ich in England oder nahe der burmesischen Grenze? Ein schmaler Pfad führte mich nördlich, einen Bach entlang, die Ufer verengten sich zur Schlucht, durch die das Wasser gurgelnd stürzte. Blühende Azaleen und Rhododendren unter hohen, lockeren Bäumen, soweit das Auge reicht. Die Azaleen zum Teil dicht an den Boden gepreßt, besprüht von der Gischt des Baches, die Rhododendren bis zu vier Meter hoch die Gebirge ihrer Blüten türmend. Sollte man einen solchen Ort je freiwillig wieder verlassen? Als ich mich zurückwandte, hatte der Weg mich an die westliche Seite des Hauses geführt, und unübersehbar lag da, einem Gebäudewinkel vorgesetzt, eine Glasveranda, die Wände in delikatem Resedagrün, die Sitzmöbel mit rosa Chintz bezogen. In alten vergoldeten Bronzekesseln englische Geranien, Hibiscus und Fleißiges Lieschen, alle im Rosa des Bezugsstoffes blühend. Und an der Stirnwand, mit dem fernen Lächeln eines tiefen Wissens ein großer goldener Buddha.

Oder der GARTEN DES HERRN FERGUSON, der zu Beginn des Jahrhunderts die Idee hatte, außer den riesigen Traktoren für amerikanische Felder auch Kleintraktoren für europäische Bauern zu entwickeln. An Haus und Garten sieht man, daß diese Idee nicht nur für die Bauern hilfreich war. Der Herrensitz wurde zu einer Kombination von nachgestalteter Landschaft und einem formalen Gartenteil vor der Südseite des Hauses. An seinem ›Open Garden Day‹ kommen so viele Besucher, daß fast ein Hektar Wiese für Parkplätze gemäht werden muß.

Oder der GARTEN EINES LANDARZTES in den Cotswolds. Ein schmaler, geschotterter Weg führt zu ihm, es bleibt kaum Platz, den Wagen abzustellen. Das bescheidene Haus ist in den fünfziger Jahren gebaut. Wenn man es durch einen Heckenweg erreicht, erblickt man jenseits eines Sees auf der nächsten Hügelkuppe die Ruine eines Bischofssitzes – kaum weniger eindrucksvoll als das Heidelberger Schloß vom Neckar aus. Der Bischof war offenbar auch ein Pflanzenfreund, denn die Rhododendren, die den Außenbereich des Gartens füllen, sind so gewaltig, daß ihre Blüten nur noch vom Hubschrauber aus zu betrachten sind. Die Besucher gehen geduckt durch Gänge unter den armstarken Ästen hindurch.

Andere wichtige Gärten der Cotswolds, das WESTONBIRT- und das BATSFORD-PARK-ARBORETUM, sind Baumsammlungen aus dem siebzehnten Jahrhundert, in denen die aus den neuen Kolonien ins Land strömenden Gehölze auf ihre Brauchbarkeit im englischen Klima

getestet wurden. Das war damals eine völlig neue Idee, ausgelöst durch das Gutachten eines Mr. John Evely, den die königliche Marine um Rat gebeten hatte, wie man dem chronischen Holzmangel Abhilfe schaffen könne. Rasch entstanden im ganzen Land Sichtungsgärten für Bäume, aus denen die jungen Gestalter des englischen Landschaftsgartens knapp hundert Jahre später nur auszuwählen brauchten.

Bis zur Mitte des neunzehnten Jahrhunderts

Fast jedes Haus in den zahlreichen Dörfern der Cotswolds ist hinter Rosen und Clematis versteckt.

hatten in den Cotswolds vor allem Schafzüchter, Wollhändler und -verarbeiter gelebt. Dann entdeckte der Künstlerkreis der Präraphaeliten den Landstrich. Seitdem gibt es hier fast zu viele Ateliers, Werkstätten und Kunsthändler. William Morris schrieb über die Cotswolds: »Es ist ein Epitomen von landschaftlicher Schönheit in England, so klein, so graziös im Detail, so süß und zart in der Farbe, und bei all seiner Kleinigkeit ist nichts daran trivial.«

Rosemary Vereys duftender Garten

Das Auto fährt an einem Schild ›Gloucestershire‹ vorüber. Shakespeare reiste mit. Das Land ist hügelig, von Hecken durchzogen. Mächtige Eichen breiten weit das Gerüst ihrer Äste aus. In Deutschland sagen die Förster, daß Eichen fünfhundert Jahre wachsen und fünfhundert Jahre sterben. Diese hier sind in der zweiten Hälfte ihres Lebens. Die Cotswolds, eine Autostunde westlich von Windsor Castle, sind ein altes englisches Land der Gärten und der bäuerlichen Passion. Vieles ist ›nach Gutsherrnart‹, so die Kleinstadt Cirencester mit einem bunten Markt und Geschäften für alles, was der Landmann oder die Landfrau braucht. Noch vier Meilen sind es bis Barnsley House. Mein Stolz, den weiten Weg auf die Sekunde geschafft zu haben, verfliegt ins Nichts, als niemand auf den Klingelzug reagiert. Der ›Herald Tribune‹ liegt noch auf der Matte vor der Tür. Es ist zehn Uhr. Ein sonniger Tag; gestern hat es noch in Strömen geregnet. Doch da kommt ein blauer Wagen die Einfahrt herauf, am Steuer eine silberhaarige Dame in jeansblauer Steppjacke. Das muß Rosemary Verey sein. Ein Gärtnerjunge öffnet ihr die Wagentür, und noch bevor unsere Augen einander treffen, sehe ich zwei mit frischem Lehm und Kieselsteinen verkrustete Schuhe aus dem Wagen schwenken. Sie war am frühen Morgen schon bei einer jungen Freundin, die einen Rat für ihren Garten brauchte.

In den Minuten des Wartens war mir schon klargeworden, daß ich in den Garten einer großen Pflanzenliebhaberin und Sammlerin gekommen bin. Das 1697 aus den typischen Cotswolds-Kalksteinen erbaute Herrenhaus ist eingebettet in Grün aller Schattierungen. Flechten auf Dachziegeln und Steinen zeigen, daß hier noch ein gesegnetes Gebiet mit relativ geringer Luftverschmutzung zu finden ist. Die

Hauptteile des vier acres großen Gartens liegen südlich des Hauses und westlich im Anschluß an eine 1840 gebaute Veranda.

Der erste Eindruck ist der eines gut gegliederten, üppig und in reicher Vielfalt bepflanzten Gartens. Rosemary Verey meint, daß einiges auf glückliche Weise zusammenkommen müsse, damit ein solcher Garten entstehen kann: Das Land muß dasein, es muß fruchtbar

An der Westseite des Hauses schuf Rosemary Verey aus verschiedenen Kleingehölzen einen klassischen ›Knotengarten‹. Seit der Zeit Elizabeth' I. ist dies ein Liebessymbol.

Nordöstlich Cirencester liegt einer der berühmtesten Gärten des Landes. Er ist das Lebenswerk der bekannten Gartenbuchautorin Rosemary Verey.

sein und der Besitzer über freie Energien verfügen. Kommen dann noch, wie in Barnsley House, ein Hintergrund aus honigfarbenen Cotswold-Steinen, alte Mauern und große Bäume dazu, so seien alle Voraussetzungen da. Doch das ist zuviel der Bescheidenheit. Die Atmosphäre dieses Gartens ist in gleichem Maße geprägt von den Pflanzen, die nur der wirklich

ten das erste Gartenbuch und eine Mitgliedschaft in der Royal Horticultural Society, gerade zu dem Zeitpunkt, als ihre Kinder die Mutter weniger brauchten. Das erste Ergebnis dieser Weihnachtsgeschenke entstand im nächsten Frühling: eine klassische ›wilderness‹ im äußersten westlichen Gartenteil, in unmittelbarer Nähe des 1770 im gotischen Stil gebauten Gartenhauses. Die ›wilderness‹ hatten die Engländer um 1700 erfunden als den ersten Versuch junger ungestümer Geister, auszubrechen aus den geometrischen Gartenformen, die jahrtausendelang in Europa gepflegt worden waren. Doch Rosemarys Ehemann David, Architekt und Historiker, legte an der südlichen Mauer den ersten schnurgeraden, kieselsteingepflasterten Pfad und führte seine Frau zurück in die Geometrie, die ihrem klaren, zielbewußten Wesen auch entspricht. Der romantische Teil ihrer Seele gibt dann den Pflanzen immer wieder Raum und Möglichkeit, die Geometrie zu umschlingen, wuchernd aufzulösen.

Alles in allem läßt sich Barnsley House weder den geometrischen Gärten noch den typischen englischen Landschaftsgärten zuordnen. Vielleicht bedarf es der weiblichen Hand, so unterschiedliche Auffassungen in Einklang zu bringen. Der von David so fein mit Kieselsteinen aus Wales gepflasterte Weg wurde zu einer Allee aus Goldregenbäumen, die geschnitten eine Pergola bilden, aus deren Himmel im Mai

große Kenner in solch reicher Vielfalt sammeln kann, und durch das Empfinden einer Frau, die eine Künstlerin im Entdecken, Ordnen und Kombinieren ist.

Während des Krieges hat sie den Architekten David Verey geheiratet. 1951 zog die junge Familie in das Haus seiner Eltern. Zehn Jahre später schenkte man Rosemary zu Weihnach-

lange goldgelbe Trauben hängen. Um die Blütezeit dieses Weges zu verlängern, wurden mittlerweile blaue Glycinien dazugesetzt, die sich etwa zwei Wochen vor dem Goldregen entfalten. Unterpflanzt ist dieser Laubengang zu beiden Seiten mit lila blühendem Zierlauch, gelbblättrigen Nesseln, goldbelaubten Salvien und Vergißmeinnicht. Jede der vier Alleen oder Laubengänge dieses Gartens endet an einem originellen Blickpunkt. Unter dem Goldregen steht eine alte steinerne Säule, auf deren Bronzeplatte David und die Kinder eine schöne Widmung für ihre Gärtnerin gravieren ließen. Die Allee der Staudenrabatten läuft auf einen klassizistischen Tempel zu, der Stein für Stein aus dem Fairford Park hierher gebracht wurde. In südlicher Richtung vom Haus weg führt eine Allee irischer Eiben, sie leitet den Blick durch ein schmiedeeisernes Gitter auf eine großblättrige Weißbirke, die von einer Sitzbank umfaßt ist.

Eine weitere Eibenhecke, die in einigem Abstand zu dem Laubengang verläuft, ist zu gotischen Giebeln geschnitten. Unter der saftgrünen Hecke quellen üppig wilde Alpenveilchen hervor, es ist die Form Cyclameneum hederifolium, deren herzförmige Blätter in der stark weißgrünen Zeichnung eine große Spielbreite haben. Der Blickpunkt dieses Heckenweges ist ein steinerner Brunnen mit Schafen, wie sie zu vielen Tausenden die Hügel der umgebenden Landschaft bevölkern. Ein Garten, sagt man, sei der Spiegel seines Besitzers. Diese vier Alleen, die durch die Perspektive den Garten vergrößern, sich selbst längen und doch einen deutlich sichtbaren Endpunkt haben, scheinen mir ganz typisch für das bewußte, zielsichere Denken dieser Frau, die doch einen großen Hang zur Romantik hat. Fast alle Wege sind von dem klassischen englischen Rasen bewachsen. Doch es stört die Besitzer nicht, wenn Gänseblümchen darin stehen. An jeder Ecke spürt man, daß dieser Garten nicht von einer ausgebildeten Gartenarchitektin angelegt wurde, sondern von einer Amateurin im besten Sinn des Wortes. Der Amateur, der sich aus Liebe zu Pflanzen und Gartenleben Kenntnisse erwirbt, von denen Fachleute wieder profitieren können, ist eine Gestalt, die in der englischsprechenden Welt weit häufiger anzutreffen ist als bei uns. Rosemary Vereys Streben war nie die Perfektion, sondern der ganz persönliche Ausdruck, wobei ihr gärtnerisches Wissen, ihr Pflanzenverständnis längst das vieler Gartenarchitekten überflügelt hat. Ihre Vorliebe für Farben, für die Ergänzung völlig unterschiedlicher Strukturen wird auf den Staudenrabatten, vor allem in der Nähe des Hauses, deutlich. Gelb in allen Schattierungen wird den honigfarbenen Kalksteinen zugeordnet, unterbrochen vom silberweißen, fast ins Türkis spielenden, fein zerspaltenen Laub der Artemisia und Santolina. Wo sie das Graugrün braucht, ist sie keineswegs zu stolz, Hasenöhrchen zu pflanzen, obwohl diese leicht zum »Unkraut« werden. Das ist das Problem dieses Gartens; Boden und Pflege sind so gut, daß vieles verwildert, in seiner Wuchskraft kaum einzudämmen ist.

Eigentlich kann man eine Frau mit einer Neigung zu solcher Vielfalt kaum nach ihren Lieblingsblumen fragen. Als ich es doch wage, kommt prompt die Antwort, es seien die Blätter, die über einen viel längeren Zeitraum als die Blüten das Gesicht eines Gartens prägen. Deshalb müsse ein guter Gestalter verstehen, mit deren Farben und Strukturen zu arbeiten. Sie setzt große Blattflächen gegen fein gefiederte. Dill und Fenchel sind nicht in den Küchengarten verbannt, sondern fügen sich immer wieder in die Staudenrabatte ein, auch wegen ihres kräftigen Duftes. Denn »Duft« ist neben Farbe und Form ein wichtiges Element dieses

Gartens. Rosemary Verey hat ein Buch geschrieben: *The Scented Garden*, in dem sie die unzähligen Möglichkeiten der Bereicherung eines Gartens durch Duft untersucht.

Sie hat bei sich eine Hecke aus Rosa rugosa in Windrichtung auf das Haus gepflanzt, damit buchstäblich das ganze Haus im Sommer von Rosenduft durchweht ist. Ein Jelängerjelieber klettert gar bis in den ersten Stock an das Schlafzimmerfenster, die unterschiedliche Stärke des Duftes zu verschiedenen Tageszeiten auszubreiten. Wo Duft ist, sind Hummeln und Bienen, und ihr fleißiges Gebrumm ist die Begleitmusik eines schönen Sommertages.

Hübsch ist, daß diese Frau, die sich so gezügelt, so ›typisch englisch‹ und ganz bewußt gibt, offenbar eine besondere Liebe zu den ungestümsten Stürmern des Pflanzenreiches hat, zu den Kletterpflanzen. Alle Mauern sind berankt von Wisteria, Clematis, Hopfen und Rosen, sogar einen kletternden Eisenhut fand ich an der Nordseite einer Mauer. Da die langen Mauern noch nicht ausreichen, kauft sie alte Schmiedeeisengitter, damit Clematis eine Stütze finden können, oder sie läßt Rosen, Clematis und Geißblatt munter Bäume und Sträucher ersteigen. Ja, eigentlich sei Purpurrot ihre Lieblingsfarbe, aber dieser Ton sei so schwer unterzubringen, da müsse man dann gleich eine ganze rote Rabatte machen, und das passe nicht zum Haus. So darf einzig in der ›wilderness‹ eine Rose ›Scarlet Fire‹ in einen dunkelrotlaubigen Ahorn ranken. Ich bin überrascht, bei der großen Rosen-Kenntnis, von der die Bücher der Gartenbesitzerin zeugen, so wenig alte Sorten im Garten zu finden. Rosemary Verey sagt, daß ein Garten von sechzehntausend Quadratmetern zu klein dafür sei. Die Büsche brauchten viel Platz, die Blütezeit betrage nur wenig mehr als eine Woche, die alten Rosen seien so extrem feuchtigkeitsempfindlich, daß man sich in manchen Jahren kaum zwei Tage an ihnen erfreuen könne.

Rosemary Verey ist Mitglied der British Garden History Society, und man spürt, wie in ihrem Umfeld sich Geschichte, Raum, Pflanze und Mensch verbinden. So huldigt sie ihrer Liebe zu den alten Gärten in einer geometrischen Pflanzung vor der westlichen Veranda. Sie wählte ein Knotenmuster dafür, nicht etwa das buddhistische, sondern eines, das elisabethanische Gärten als ein Liebessymbol zierte. Sie nahm für die zierlichen sich verschlingenden Hecken, die von Rosmarin umgeben sind, den in England heimischen duftenden Gamander Teucrium chamaedrys in zwei Sorten mit unterschiedlicher Blattfärbung, damit das Umschlingen zweier ähnlicher, aber nicht gleicher Gamander deutlich wird. Sie müssen durch regelmäßigen Schnitt in der gewünschten Form gehalten werden. In unmittelbarer Nähe des Knotengartens, im Schutz des Hauses, stand bis zum vergangenen Winter ein fünf Meter hoher Lorbeerbaum. Der Frost hat ihn zerstört, aber er beginnt aus seinen Wurzeln heraus wieder neue Triebe zu entwickeln.

Das Gelände wird organisch mit einem Substrat aus Meeresalgen gedüngt, einschließlich des Rasens und des Gemüsegartens, der durch Mauer und Weg getrennt südlich des Blumengartens liegt. Mit Insekten und Pilzerkrankungen der Pflanzen hat Rosemary Verey im Freien wenig Kummer. Im Gewächshaus setzt sie zu deren Bekämpfung chemische Insektizide und Fungizide ein. Sie sagt: Man muß die Schädlinge und ihren Lebensrhythmus genau kennen, dann kommt man mit sehr geringen Giftmengen aus.

Gleich hinter der ins Freie führenden Küchentür beginnt der Kräutergarten, der durch kleine Buchshecken in Rhomben und Dreiecksformen aufgeteilt ist, die jeweils nur von einem Kraut bewachsen sind. In ähnlicher Weise hat sie den Entwurf des englischen Kräutergartens für die Floralies in Montreal gestaltet. Ihr eigener ›Kräuterweg‹ führt hin zu einem riesigen alten Birnbaum, der schon vielen Kindergenerationen das Ende des Sommers versüßte. Sein Stamm ist umschlungen von einem weißgrünen Euonymus. Von der Steinbank davor hat man den besten Blick durch den Garten auf das Haus.

Wie oft mag Rosemary Verey hier sitzen? Auf meine Frage, was ihr wichtig sei, kommt die Antwort, sie habe zum Beispiel keine Zeit fürs Fernsehen, es gebe immer etwas zu tun. Die Grundkenntnisse ihres Gärtnertums hat sie in Seminaren der Royal Horticultural Society erworben. Nach einem der Seminare, in dem sie ganz benommen war von der Fülle des Wissens, das vor ihr ausgebreitet wurde, habe der Leiter, Christopher Hussey, gesagt, »man habe doch gerade nur einen Knopf geöffnet«.

Seitdem liest sie an jedem Tag, der Arbeit im Freien nicht gestattet. In zweiundzwanzig Jahren hat sie eine gärtnerische Bibliothek zusammengetragen, die zwei große Räume bis zur Decke füllt.

Als ich durch den separaten Kücheneingang in das Haus komme, finde ich die altväterliche Küche ganz austapeziert mit Bildern aller Größen von Pflanzen und Bäumen. Wie ein roter Faden zieht sich diese Bildergalerie durch die Gänge des Hauses. Der wichtigste Baum der Vereys, ihr Stammbaum, fand nur noch an der Toilettenwand einen freien Platz.

Cornwall

Er stand auf seines Daches Zinnen und schaute mit vergnügten Sinnen auf seinen neuen Garten hin. Er hieß Charles Fox, war Quäker von Überzeugung und Makler von Beruf. Man lebte im ersten Drittel des neunzehnten Jahrhunderts. Gerade hatte seine Familie, die sich durch viele besonders energiegeladene Mitglieder auszeichnete, ein Gelände im Süden Englands erworben. Es waren zwei benachbarte Täler, die sich in eine Bucht des Helford River senken, unmittelbar vor dessen Vermählung mit dem Atlantik. Die Lage war in jeder Hinsicht ideal. Bescheiden, wie Charles sich selbst vorgab zu sein, hatte er den viel kleineren, aber viel schöneren Teil, ein sehr schlankes Tälchen, für sich erbeten. Wenige Wochen zuvor hatte Charles Fox in London mit einem Chinesen diniert, der ihm, in überraschend vorzüglichem Englisch, die Grundsätze der Geomantie erklärte, die man in seiner Heimat ›Feng-Shui‹ nennt. Hochbezahlte Spezialisten bestimmen dort nach uralten Gesetzen die Lage der Ortschaften, Häuser oder Gräber.

Charles hatte sich ins Fäustchen gelacht, denn sein neues Grundstück entsprach genau den Gesetzen des Feng-Shui: »Im Norden den Berg, im Süden den Fluß.« Er hatte dafür gar keinen chinesischen Spezialisten gebraucht, er hatte es gesucht und gefunden. Von einer Anhöhe senkte sich das Tal nach Süden zum Fluß, er konnte das Haus so plazieren, daß es noch im Windschutz des Hügels vor kalten Nordwinden lag, er konnte sogar den Hügel mit immergrünen Nadelbäumen in der Schutzkraft verstärken. Wie andere seines Standes die Bilder alter Meister, Diamanten oder Abenteuer mit schönen Frauen sammelten, so sammelte Charles Fox Pflanzen – schöne Frauen vielleicht dazu. Nicht daß er selbst mit Botanisiertrommel und Schmetterlingsnetz auszog – er machte seine Eroberungen durch schmeichlerische Briefe, die in alle überseeische Länder gingen und denen hübsche, neue, große Pfundnoten beilagen. Pflanzensammeln war damals die einträgliche Leidenschaft der Mitarbeiter der britischen Ostindien-Kompanie, der Kapitäne auf Landurlaub, aber auch der Kolonial-Offiziere. Manche von ihnen eigneten sich beachtliche Kenntnisse an, andere steckten einfach in Tüten, was sie an Samen fanden. Die für den Empfänger so wichtigen Informationen, ob diese von einem Baum, Strauch oder Kraut stammten, welcher Art, welcher Höhe und welchen Umfangs die Pflanze war, ob an einem Felshang im Regenwald oder am moorigen Ufer eines Sees gesammelt, alle diese Mitteilungen wurden oft vergessen oder falsch gegeben. So ging unendlich vieles von diesen Kostbarkeiten durch unrichtige Behandlung wieder verloren.

Charles Fox entwickelte das Gespür eines Liebenden für das, was aus diesen Samenkörnern einmal werden konnte. Mit der Intensität des Fanatikers blieb er jeder Information auf der Spur, durchforschte jedes Buch, jedes Manuskript, dessen er habhaft werden konnte. Und nun hatte er dieses Grundstück! Ideal für einen Mann wie ihn. Im milden Klima Cornwalls ein so geschützter Flecken Erde – alles Subtropische mußte hier wachsen können. Er hatte Tausende von Samen, und er wußte, wo

Das milde Cornwall ist im Frühling das Lieblingsziel aller Gartenfreunde. Einer der Glanzpunkte: der Sitz Trebah, liebevoll von Major Tony Hibbert restauriert und gepflegt.

noch mehr Pflanzen zu finden waren. Doch wie das Ganze ordnen? Er wollte ja schöne Bäume, aber doch keinen undurchdringlichen Urwald. Er wollte seine Lieblinge einzeln bewundern können und doch die Sicht über den Helford River zum Atlantik nicht verlieren. Immer wieder verglich er die spärlichen Angaben der Sammler mit seinen Büchern, machte lange Listen über Arten und Größen und Wuchshabitus. Er konferierte mit seinem Schreiner, der ihm nach seinen Wünschen originalgroße Attrappen der vermuteten Formen der wichtigsten Bäume baute. Endlich, an einem schönen, frühen Frühlingstag war es soweit: Seine sechzehn Gärtner bewaffneten sich mit den Attrappen, und er stieg auf das Dach des Hauses und dirigierte mit voller Stimmgewalt Jim, Jack, John, William und deren Kollegen. Schwitzend schleppten diese hangauf, hangab, mehr nach rechts, mehr nach links, die Illusionen des Charles Fox, wie seine Bäume in fünfzig oder hundert Jahren aussehen würden. Wem dieses Verfahren etwas kompliziert und aufwendig (vor allem bei der Größe des Gartens, das Tal ist immerhin sechshundert Meter lang) erscheint, der reise einmal nach Trebah in der Grafschaft Cornwall, und er wird hundertfünfzig Jahre später zugeben müssen, daß sich der Aufwand gelohnt hat, den Charles Fox damals trieb.

Fast alle Pflanzen, die einst als manchmal nur fingerhohe Sämlinge gepflanzt wurden, sind nun zu ehrwürdigen, oft flechtenbehangenen Bäumen emporgewachsen. Sie haben sich, je nach ihrer Art, in die Breite oder die Länge entwickelt. Mehr als sechzig Arten meist außerordentlich seltener Gehölze enthält dieser Park, von denen einige in Europa nur in der einmalig geschützten Lage dieses besonderen Punktes der Grafschaft Cornwall ausdauern. Sie sind (im Unterschied zu vielen anderen Sammlergärten) außerdem so wohlgeordnet, daß der Garten ein vollendetes Kunstwerk zu nennen ist. Natürlich haben die Nachfolger jenes ersten Fox versucht, den Garten noch reicher und schöner zu gestalten. Von manchen der heutigen Schätze hat Charles Fox nicht einmal träumen können, denn er ahnte nichts von ihrer Existenz. Zwar hat er die Magnolia soulangeana, die Magnolie, die am häufigsten auch unsere Gärten schmückt, staunend bewundert, aber ihre elitären Schwestern, Magnolia campbellii (die Trebah in der besonders köstlichen und seltenen pinkrosa Form besitzt) und Magnolia cylindrica, die viele für die allerschönste der Magnolien halten, waren damals von den Augen der westlichen Welt noch nie geschaut.

Zu meiner großen Freude fand ich in Trebah, aber auch in einigen anderen Gärten Cornwalls, die geliebte Eucryphia, jenen zierlich aufstrebenden Baum aus den südchilenischen Anden, der im Frühsommer vollkommen überzogen ist von weißen Erdbeerblüten von großer Reinheit. Dazu gibt es, ebenfalls aus den Anden, große Myrtenbäume mit aufregenden, glatten, zimtroten Stämmen, die sich eiskalt anfassen – und das mitten im Hochsommer! Eine Spezialität von Trebah sind hohe Baumfarne und schlanke Palmen, die aus dichten Polstern niedriger Rhododendren und Hortensien aufstreben. Die Idee, die hinter der Gestaltung von Charles Fox stand, bestand darin, die Talsohle durch Seen und polsterartige Sträucher zu vertiefen und die hohen Bäume auf den umschließenden Hügeln zu plazieren, um die natürliche Formation der Landschaft zu verstärken. Ein Prinzip, das auch in der chinesischen Gartentheorie immer wieder betont wird. Mit solcher Konsequenz sah ich es in keinem anderen Garten Cornwalls verwirklicht.

Aber ich darf nicht nur von Trebah schreiben, dieses gesegnete Land ist voller einmaliger Gärten – und voller Gartenenthusiasten! Viele von ihnen verstanden sich zur Zeit der großen Pflanzenentdeckungen als Mäzene der Sammler, finanzierten ganze Expeditionen und hatten selbstverständlich Anteil an den Ergebnissen. Vieles aus China, Burma, Thailand, aber auch aus Südamerika hat in einem ›Cornishgarden‹ zum ersten Mal geblüht, ist besichtigt, bewertet und weitervermehrt worden. Seit 1832 gibt es eine Royal Horticultural Society of Cornwall, mit regelmäßigen Ausstellungen, Pflanzentausch und allem, was dazugehört. Jeden Frühling, zwischen Anfang Mai, öffnet an einem oder mehreren Tagen eine große Zahl von Gärten und Parks die Tore für jeden, der Lust hat hineinzuschauen. Wenn Sie dazugehören, erbitten Sie die Liste der Gärten, die außer den Daten auch Angaben über die oft komplizierten Anfahrtswege enthält, beim Tourist Board, Truro TR 1 3 BR, das auch Hotelempfehlungen gibt. Mir erschienen aus einer Auswahl von fünfundzwanzig Gärten, die ich betrachtet habe, am wichtigsten:

GLENDURGAN, die Gartentür direkt neben Trebah, ursprünglich auch der Fox-Familie gehörend. Eine sehr große Anlage, seit 1962 vom National Trust verwaltet, der auch ständig die zum Teil überalterten Pflanzenbestände erneuert. Vorbildlich sind hier vor allem die Blütenfarben der Rhododendren miteinander verschwistert.

Völlig anders als diese herrschaftlichen Parks ist POLDOWRIAN, in Moor und Heide, fast am südlichsten Punkt Englands gelegen, einst Siedlung und Garten der Römer, von Steinwällen der Eisenzeit umgeben. Hier hat sich ein Künstlerehepaar einen höchst originellen Garten geschaffen, der an ein oder zwei Tagen im Frühling für Gäste geöffnet ist.

Mehr im Südwesten, nahe Penzance, liegt TRENGWAITON zwischen Wäldern und Weiden. Ein zauberhafter, von Primeln umstandener Bach zieht durch das Grundstück. Am Herrenhaus beginnend, an ummauerten Gartenräumen vorbei, die besonders windgefährdeten Pflanzen Schutz bieten, dem Atlantik zu. Der Garten hat ein gutes Bild im ganzen und ist liebevoll gepflegt im Detail.

CHYVERTON ist ein Platz von großer botanischer Vielfalt, dessen Besitzer den Beruf aufgab, um persönlich dieses Gartenjuwel zu pflegen. Während Mr. Holman Gäste durch den 1770 angelegten Landschaftspark führt, putzen seine Hände ständig verblühte Blütenstände aus den Rhododendren. In dieser Anlage trifft, wie in Trebah, große Gartentradition mit intensiver Liebe und Einsatzbereitschaft der Besitzer zusammen. Der in der Nähe von Truro gelegene Park ist nur an wenigen Tagen für Gäste geöffnet.

Aber auch LANHYDROCK mit den anbetungswürdigen Magnolien hinter dem Renaissance-Schloß oder Tremeer, das seine größten Schätze weit vom Haus entfernt versteckt – es wäre ein Jammer, wenn man sie nicht gesehen hätte. Wem die Zeit reicht, der sollte auch Trelissick besuchen.

Im feucht-warmen Cornwall regnet es im Frühling auch Blüten in Überfülle. Diese Treppe ist bedeckt mit den Glocken von Rhododendron ›Cornish Red‹.

Doch eigentlich ist im Frühling die Landschaft von Cornwall ein einziger großer Garten, ein Märchengarten. In dem ganz besonderen Licht dieses Landes scheint einfach alles zu wachsen, zum Blühen zu drängen. Vielleicht war mir nie zuvor in meinem Leben die gewalttätige Kraft des Frühlings, aber auch seine scheue Anmut so deutlich bewußt wie in Cornwall. Wo die mächtigen, jahrhundertealten Eichen in den Wäldern ihre knorzig dicken, flechtenüberzogenen Äste breiten, aus denen im April noch zaghaft die olivgrünen Blätter sprießen, und wo auf dem noch lichten Waldboden blaue Scilla und weißer Knoblauch blühen, von schlummerlosen Wassern durcheilt. Wo die ganze Luft erfüllt ist von Vogelstimmen und die typischen Hohlwege der winzigen, übrigens denkmalgeschützten Straßen, die an ihren grünen Seitenwänden über und über bestickt sind mit dicken Büscheln zitronengelber Primeln, deren feiner Duft sich mischt mit dem kräftigen der feuchten Erde. Wo schwer und ernst Efeu die Stämme hochklettert und Wälle goldenen Stechginsters jeden Durchgang verwehren. So stelle ich mir die Wälder und Weiden Griechenlands vor, durch die der Zeussohn Dionysos lärmend mit seinen Satyren und Mänaden zog. Auch die Brücken, die wie im Park von Tremeer aus Efeu und Weinranken gebaut zu sein scheinen – sie müssen sein Werk sein. Es wirkt wie eine Wiederkehr des lieblichen Theben, aus dem Dionysos, gleich dem Rattenfänger von Hameln, einst alle Frauen zu einer wilden Frühlingsorgie auf den Berg Kithairon entführte. Mit jedem Atemzug in Cornwall scheint man etwas einzusaugen von den Urkräften der Welt, scheint in sich selbst den im Frühling löwenköpfigen Dionysos zu spüren.

Denn Cornwall ist ein Frühlingsland. Nur im Frühling, der dort mindestens zwei Wochen früher beginnt als bei uns, zeigt es sich in seiner ganzen ungebärdigen und zugleich doch stillen Schönheit. Es ist ein Land der Rhododendren, nicht der Rosen. Man sagt, im Sommer seien die winzigen Straßen völlig verstopft von Badelustigen, oft blieben die Anhänger mit den Segelbooten einfach wie Pfropfen in den Hohlwegen stecken, und die vielen lauten Radiorecorder machten die Vögel verstummen.

Vor so viel lärmenden Fremden schließen sich die ›Cornish-gardeners‹ noch enger zusammen, das Land scheint, so fern aller Städte und Vergnügungsmöglichkeiten, Freundschaften fester zu knüpfen, Nachbarschaftshilfe zur Selbstverständlichkeit zu machen. Die intensive Bindung an die Natur muß hier selbstverständlicher gelebt werden als an anderen Plätzen. Stürme zerstören meist mehr als die nicht so häufigen, aber gerade deshalb so tückischen Fröste. Man muß es ausgleichen von Nachbar zu Nachbar, helfen, die gestürzten Stämme zu beseitigen und kamingerecht zu machen. Man muß miteinander beraten, wenn Pflanzen krank werden oder grundsätzliche Umgestaltungen der Gärten notwendig sind oder wenn man sich darin versucht, neue Sorten zu züchten. Mancher ›Cornish-gardener‹ ist schon weltberühmt und so etwas wie ›unsterblich‹ geworden, indem er einer neuen Pflanze seinen Namen oder den seines Schlosses gab. So sind Blumen und Pflanzen ein selbstverständliches Gesprächsthema aller, die gleich nach dem Wetter und lange vor der Börse, den Wechselkursen und der Politik kommen. Im Zug erzählte mir eine alte Dame, die keine Ahnung von meinem Beruf hatte, daß sie nun bei ihren Kindern in Australien lebe, aber wenn möglich jeden Frühling zurück nach Cornwall komme. Als sie beim Umzug nach Melbourne ihren Garten hier aufgab, habe sie Stecklinge von ihren Rosen mitgenommen, die des feuchten Klimas wegen in Cornwall gar nicht so gut wachsen, viel besser würden sie in Melbourne. Trotzdem hätten ihre Stecklinge in Australien keine Wurzeln gezogen, wo sie die Stecklinge doch auf dem ganzen Flug in ihrem Büstenhalter befördert habe – nur in Hongkong habe sie sie im Hotel herausgenommen und ins Wasser gestellt. Sie fragt mich: »Kann es das gewesen sein, das sie nicht wachsen ließ?« Sie lächelt listig, faßt sich ans Herz und sagt: »Aber diesmal versuche ich es wieder.«

Ein Problem ist die Pflege und die Erhaltung dieser oft sehr großen Gärten und Parks. Viele werden, wenn die Besitzer aus wirtschaftlichen Gründen dazu nicht mehr in der Lage sind, vom National Trust übernommen. Die Gärtner des Trust machen das zum großen Teil sehr ordentlich und gewissenhaft, aber seltsam, nach wenigen Jahren hat man ein Gefühl, als verließe langsam die Seele den Park. Es fehlt dann jener Hauch von Persönlichkeit, der die Individualität der Gärten ausmacht. So ist es ein wahres Glück, wenn sich, wie im Fall Trebah, in unserer Zeit noch einmal ein Käufer für ein solches Grundstück findet. 1981 erwarb der pensionierte Major Tony Hibbert den Ort. Augenzwinkernd erzählte er mir gleich bei der Vorstellung, er habe eine besondere Beziehung zu den Deutschen, damals bei Dünkirchen hätten sie ihn in den Kanal geworfen, aber da seien sie halt die Tüchtigeren gewesen.

Der Traum seines Lebens war es, ein Grundstück mit einem natürlichen kleinen Hafen zu finden, er wollte seine alten Tage mit Segeln verbringen. Im Winter 1981 fand und kaufte er Trebah. Als er bei einem der Nachbarn, Dr. Davies, den Antrittsbesuch machte, fragte der: »Und was machen Sie mit dem Garten?« »Welchem Garten?« soll der Major zurückgefragt haben, »ist da ein Garten dabei? Ich habe nur den Hafen gesehen.« Bald jedoch war Tony Hibbert besessen von der Botanik wie einst Charles Fox, nach fünf Jahren kannte er jede Pflanze beim Namen und auch ihre Schwesterpflanze in den Nachbargärten. In den sieben Jahren, so erzählte er mir beim Abschied, sei er nur siebenmal gesegelt. »Aber weißt du, Marianne, ich möchte sehr alt werden, ich habe noch so entsetzlich viel für den Garten zu tun.«

Walenburg

Zum Frühstück im Hotel hatte ich Sesam-Brötchen gegessen. In China sagt man: Du mußt den Sesam im Mund kochen, wenn du verborgene Schätze finden willst. Im Märchen rufen wir: »Sesam, Sesam öffne dich.« Und nichts anderes als ein Märchengarten war es, der sich an diesem holländischen Sommer-Vormittag, verborgen im dunklen Wald vielhundertjähriger Eichen, vor mir öffnete.

Wer Walenburg besucht, macht eine Reise in die Vergangenheit, zurück bis ins dreizehnte Jahrhundert der Niederlande; der Turm, das Imponierendste der ganzen Anlage ist 1275 erbaut. Aber es ist zugleich auch eine Reise in die Zukunft – denn werden Gärten entstehen können, die sich nicht an der Qualität Walenburgs messen? Eigentlich lieben fast alle Menschen an Gärten die Vollkommenheit im Unvollkommenen – hier ist die Unvollkommenheit zu höchster Vollkommenheit gesteigert. Wenn der Talmud sagt: ›Wie der Fürst, so das Geschlecht. Wie der Garten, so die Gärtner‹, so schien mir das nie zuvor so passend wie für das Ehepaar Canneman in Walenburg. Als Maria Canneman-Philipse nach meinem ersten Gartenrundgang sagte: »Was haben Sie für Fragen an uns?«, mußte ich lächelnd gestehen: »Eigentlich keine, denn wenn ich Ihren Garten anschaue, kommt es mir vor, als wüßte ich alles über Sie.« Tatsächlich schien mir eine Frau selten ihren Blumen so ähnlich wie diese zarte, fast zerbrechliche und doch so temperamentvolle weißhaarige Dame im mauvefarben fließenden Sommerkleid. Seit fünfzig Jahren ist Mevrouw Canneman-Philipse Gartenarchitektin. Wie viele Gärten sie angelegt hat? Das weiß sie nicht mehr. Aber dieser Garten hier ist das Konzentrat ihres Wissens, ihrer aus Zuneigung geborenen Kenntnis der Pflanzen und des Reichtums der Welt. Dazu mischt sich die gelehrte Erfahrung ihres Mannes Mijnheer Elias Canneman, eines Architekten, der sein

Leben lang mit der Restaurierung alter Bauwerke beschäftigt war, der viel gelesen, viel gesehen und ebensoviel erwandert hat. Betrachtet man sich, wie virtuos Mevrouw Canneman mit den Farben der Blätter und Blüten in ihrem Garten umgeht, denkt man: diese Frau hätte auch Malerin werden können.

Walenburg ist ein Juwel holländischer Gartenkunst. Vor einem alten Wehrturm ist ein Paradies erschaffen worden.

Aber die duftigen, transparenten Blumenaquarelle in dem Buch *Walenburg huis en hof* hat Mijnheer Canneman gemalt. Er hat den feinen Strich des Architekten, beherrscht die Kunst, Pläne aus der Vogelschau zu zeichnen – doch die Anmut seiner Aquarelle hat ihm erst die Betrachtung der Blumen seiner Frau geschenkt. Gemeinsam haben sie vor gut zwanzig Jahren das damals völlig verwahrloste Walenburg erworben. Vielleicht war es ganz im Anfang, damals 1275, ein bäuerlicher Wehrhof – für einen Ritter viel zu klein. Die alten Bilder zeigen, daß das Wohngebäude selten mehr als hundert Jahre alt wurde. Fast regelmäßig muß es in diesem Rhythmus abgerissen und neu gebaut worden sein. Der Turm war offenbar besser gegründet – oder man hatte nicht solch steigende Ansprüche an seinen Komfort? Auf den Bildern kann man auch verfolgen, daß das Grundstück immer rundum von Grachten umgeben war – 1744 konnte man offenbar noch Teile der Holzbrücke hochziehen. Man wünscht sich, Ludwig Richter hätte dieses Wasserschlößchen im Wald gesehen, bevor er die Märchen-Illustrationen schuf. Auf den Bildern hat es schon das Spielzeughafte; ich glaube kaum, daß es jemals mehr als vier bewohnbare Zimmer gab.

Lange Zeit haben die Cannemans hin und her überlegt, was sie mit ihrem kakaobraunen Turmjuwel und seinem Häuschen, was sie mit dem Gelände anfangen könnten und sollten. Klar war, daß die Rückseite des Häuschens erneuert und der Turm sorgfältig restauriert werden mußte. Doch als Mijnheer Canneman jenseits der ersten Gracht hinter dem Haus ein Kartoffeläckerchen anlegen wollte, da bekam er es mit seiner Frau zu tun.

Nachdem sie sich auf einen Garten geeinigt hatten, überlegten sie, welche Idee, welche Ausstrahlung er haben sollte. Denn dem abstrakt denkenden Architekten war von Anfang an klar, daß das größte Problem dieses Gartens die Leidenschaft seiner Frau zu Pflanzen sein werde. Was da an Wissen in dem eigenwilligen kleinen Kopf der Mevrouw Canneman steckte, wie sollte das zur Geltung gebracht werden? Wie konnte man es bewahren, ohne daß es zu einer reinen Pflanzensammlung zusammenwuchs? Dem Architekten erschien das nur durch eine klare Raumgliederung möglich; dem im europäischen Geist Erzogenen war die Geometrie die Grundlage der Ordnung. Diese Geometrie war auch schon durch die Linien der Grachten vorgegeben, auf denen Haus und Garten nun wie eine blühende Insel schwimmen.

Eine mit blaßrosa Kletterrosen der robusten Sorte ›New Dawn‹ überwucherte Holzbrücke führt in gerader Linie zum Eingang des Hauses. Die Achse des Gartens bestimmt jedoch der Turm. Zu seinen Füßen liegt ein quadratischer Mini-Garten – jeder, der den Hauptgarten betreten will, muß an der Sonnenuhr vorbei, Zufall oder tiefere Bedeutung? Rosenbögen überspannen die Zugänge der verwitterten Brücke, die zum eigentlichen Paradies führt. Bei meinem Besuch blühte gerade die Sorte ›Veilchenblau‹, 1909 gezüchtet. Ihre bis zu sechs Meter langen Ranken sind bedeckt mit mauve-violetten Blütchen, jedes so groß wie ein Fünfmarkstück. Die größte Überraschung ist ihr zarter Apfelduft. Sie blüht nur einmal im Jahr und ist auch dann nur wenige Tage auf dem Höhepunkt ihrer Schönheit. Doch wer möchte auf die jährlich sich wiederholende Begegnung mit einem anmutigen Mädchen verzichten, nur weil es eilenden Schrittes vorübergeht?

Wenn man unter dem Rosenbogen steht, der sich im Wasser der Gracht spiegelt, wird das Auge fast magisch angezogen von dem Zentrum des Gartens: einer Sandsteinsäule des achtzehnten Jahrhunderts mit einer von Moos und Flechten überzogenen Gartenvase. Das Gehäuse des runden Grasplatzes wird von sattdunkelgrünen Eibenhecken gebildet. Vier Wege münden hier, vier strahlend gelbe Ulmen (Ulmus minor ›Wredei‹) schmücken wie goldene Obelisken den Platz. Die Ulmen werden jeden Winter zurückgeschnitten, so daß sie in Größe und Form immer in der richtigen Proportion zur Hecke gehalten werden können und der junge Durchtrieb die goldene Farbe gut ausprägt.

Am Fuß des Piedestals kuschelt sich gelb blühender Frauenmantel. Eine vollkommen geometrische Konzeption, in den Farben zurückgenommen auf Grün und Gelb, wobei jeder Farbe einmal erlaubt wird, von Hell nach Dunkel zu spielen, das Grün zwischen Eibe und Rasen, das Gelb zwischen Ulmen und Frauenmantel.

Die beiden Wege zur Rotunde, der hinstrebende und der fortführende, der geradewegs zu Apoll weist, sind an beiden Seiten mit breiten Staudenrabatten bepflanzt. Hier kommen die Lieblingsfarben der Gestalter voll zur Entfaltung: zartes Mauve mit hellem, schwefeligem Gelb, ein wenig Weiß eingesprengt. Viele Waldglockenblumen blühen da, helle und dunkelviolette. Man bevorzugt hier offenbar die lattichblättrige Campanula latifolia der deutschen Mittelgebirgswälder und ihre ebenfalls meterhohen Schwestern aus dem Kaukasus, Campanula lactiflora, in der amethystvioletten Sorte ›Prichards Variety‹. Diese Glockenblumen werden noch überragt von den flockigen, primelgelben Blütenständen der Wiesenraute, Thalyctrum flavum glaucum, deren Farbe und Struktur sich in dem überall über dem Boden lagernden Frauenmantel wiederholt. Graue Sterndolden aus dem Kaukasus, Astrantia carniolica ›Rubra‹, sind locker eingestreut und tragen die bei Blumen so seltene graue Farbe der Apollo-Säule bis in das Beet vor. Die Bezeichnung ›Rubra‹ verdanken sie allein dem blutroten Herzpunkt der jungen Blüten. Dieses sparsam in die Beete gesprengte Rot nehmen einzelne Kerzen des Weiderich, Lytrum ›Robert‹, auf. Seitlich, dem Apoll ein wenig entrückt, wächst eine schlanke gelblaubige Akazie Robinia ›Frisia‹ vor dem dunklen Waldhintergrund und zieht das Schwefelgelb der Beete fast in den Himmel.

Doch was verbirgt sich hinter den Hainbuchenhecken, die die vier Wege zur Rotunde begrenzen? Vier Garten-Lebensräume. Ein jeder grundverschieden von dem anderen. Da ist in der südöstlichen Ecke der ›Garten der Stille‹. Rasen, Hecken, ein Piedestal im Zentrum, umrundet von auf Hochstämme veredelten weißen Hortensien. Die vier Ecken füllen breit sich lagernde, schirmförmige Etagen bildende Viburum plicatum ›Mariesii‹. Sie entfalten ihre weißen Blütendolden meist genau dann, wenn hinter der Gracht der mächtige Zierapfel, Malus sieboldii, seine letzten Blütenblätter gleicher Farbe zur Erde schweben läßt.

Zwischen Haus und ›Garten der Stille‹ ist die ›Küche‹ des Gartens zu finden. Hier entstehen in dem kleinen, behaglich altmodischen Gewächshaus die jungen Pflanzen in eigener Aufzucht. Auf den anschließenden Beeten werden sie nach Farbe und Wuchseigenschaften geprüft. Ich vermute, daß dies auch der Platz ist, an dem Mevrouw ihre Blumen für die prächtigen Sträuße schneidet, mit denen sie ihr Haus schmückt. Rittersporn, goldgelbe Sonnenrosen, Phlox und hohe Malven. Schwefelgelbe Nachtkerzen schließen gerade pünktlich um elf Uhr vormittags ihre Blüten, doch die mächtigen Inula afghanica, die ich allein schon ihres schönen Namens wegen liebe, lassen ihre Sterne auch am Tag funkeln. Hinter ihnen blüht eine schwarzpurpurrote Clematis mit vier Blütenblättern, deren weiße Zeichnung die Form eines Kreuzes bildet. Als ich sie anschaue, sehe ich plötzlich die vielen Eisernen Kreuze vor mir, die in meiner Kindheit Männer sich stolz an die Brust hefteten. Und ich weiß auch, warum dieses Bild vor mir auftaucht: auf dem Weg hierher kam ich wenige Kilometer vor dem Ziel durch Doorn, wo der letzte deutsche Kaiser sein Lebensende verbrachte und wo ich verwundert in den Straßencafés mehr preußische grauhaarige Gestalten entdeckt hatte, als sie mir je in der Bundesrepublik auf einmal begegnet waren. Drehte man hier gerade einen Film über ›Preußens Gloria‹ oder war dies nun schon die zweite Generation derer, die einst den Kaiser begleitet hatten, am Abend ihres Lebens?

In Walenburg hängen aus den Bäumen, die den Garten umgeben, die Ranken fruchtender Kletterrosen der Sorten Kiftsgate, Wedding Day und Bobbie James. Zu ihrer Blütezeit im Juni, wenn sie sich weiß in den dunklen Grachten spiegeln und als ferner Hintergrund des Gartens der Stille leuchten, möchte ich einmal in Walenburg sein.

Den Rosen gilt die besondere Liebe der Cannemans – denen mit den zarten, weichen Farben, die leuchten und sich doch nicht hervordrängen. Dabei sind Boden und Lage des Grundstücks der Rosenkultur gar nicht günstig. Der Grundwasserstand ist viel zu hoch, der blaue Letsch des Unterbodens, Schrecken aller Gärtner, ist ein Feind der lufthungrigen Rosenwurzeln, die gewohnt sind, in lockeren humusdurchsetzten Geröllhalden bis sieben Meter tief hinabzusteigen. Gerührt und voll Verständnis liest man die Schilderungen in Mijnheer Cannemans Buch; welche Not sie hatten, diese seltenen Rosensorten aus England zu beschaffen, sie davor zu bewahren, daß sie im ersten Winter gleich in den Wasserfluten ertranken und sie so zu versorgen, daß sie nicht nur überlebten, sondern sich zu herrlichen Exemplaren entfalteten.

Trotzdem hat der Rosengarten im südwestlichen Teil in dem schrecklichen Winter 1981/82 sehr gelitten. Selbst die mir so unverwüstlich scheinende halbhohe Strauchrose ›The Fairy‹ hatte Schäden. Aber nun blüht sie wieder übervoll in zartem Lachsrosa. Die Beete sind von niedrig geschnittenen Buchshecken eingefaßt, die Rosen darin von rotlaubigem Günzel als Bodendecker unterwachsen und mit Berberitzen untermischt. Im Rosengarten gibt es keine Graswege, in diesem feuchten Klima würde das die Gefahr einer Pilzerkrankung der Rosen verstärken.

Wenn die Rosen des Sommers verblüht sind, erstrahlt der Garten noch einmal in der Glut herbstlichen Laubes.

Abgetretene kleine und große Steinplatten, scheinbar ganz willkürlich verlegt, bilden die Wege. Einige haben kaum noch lesbare zärtliche Inschriften. Zwischen ihren Fugen quillt weiß verwildertes Lobularia maritima heraus, dessen Honigduft sich mit dem der Rosen mischt und mir später, als ich den Garten schon verlassen habe, noch einmal von den Schwingen des Sommerwindes nachgetragen wird.

Der vierte Garten, der mir zuvor noch zum Betrachten bleibt, heißt: Der Blumengarten. Hier trifft sich alles in großer fröhlicher bunter Gesellschaft, was mir zuvor schon einmal begegnet war. Alle blauen, gelben und pinkfarbenen Freunde geben sich ein Stelldichein. Die Rose ›Raubritter‹ überklettert kühn eine hohe Eibenhecke, um auf der anderen Seite ihre rosa Blütenbälle fast bis zur Erde zurückzuwerfen. Alle Farben werden gebunden und zentriert durch eine tiefdunkellila Moosrose: Reine des Violettes – wahrhaftig eine Königin.

Bevor ich über die Brücke zum Haus zurückgehe, wende ich mich noch einmal um: so rein europäisch, wie es mir am Anfang erschien, ist die Geometrie dieses Gartens gar nicht, oder sind das archaische Grundsymbole, die in den Menschen aller Weltenteile schlummern?

Das golden glühende Zentrum, es ist das Herz des Gartens, zu ihm führt alles hin, von ihm strahlt alles aus. Aus ihm entwickeln sich die Farben der anderen Gärten, die man von außen nach innen durchwandert wie ein tibetisches Mandala. Wie ein Mandala ist dieser Garten von den vier Weltmeeren umflossen.

Vor dreihundertfünfzig Jahren war Holland schon einmal führend in der Gartenkunst, vor der Zeit des großen Le Nôtre und vor den englischen Gärten. ›Het Loo‹ hieß damals der Zaubergarten, zu dem alle pilgerten, der Winterkönig wie die Kurfürstin Sophie von Hannover, die Schöpferin von Herrenhausen. Damals wie heute bei Mijnheer und Mevrouw wurden die Gärten aus Weltkenntnis geboren, aus dem selektiven Betrachten der Schönheit. Wenn man immer mit den Pflanzen umgeht, entwickeln sich ganz natürlich Lieblingssorten, Lieblingsfarben, Lieblingskombinationen. Mevrouw Canneman sagt, daß ihr die wichtigsten Gestaltungselemente die Rosen und die jährlich wiederkehrenden Stauden seien. Zu einjährigen Blumen habe sie kein Verhältnis. Während ich ihr zuhöre, schaue ich ihren Mann an, der mit eisgrauen Haaren vor einem riesigen Busch blauer Einjahresblumen sitzt. In Deutschland heißen sie ›Männertreu‹.

Sanssouci

Der alte Herr war etwas besorgt. Hatte er sich nicht zuviel vorgenommen? So lange war er noch nie mit dem Urenkel allein gewesen, was sollte er die ganze Zeit mit ihm reden? Über die Schule – diese Art Fragen der Älteren hatte er selbst noch in höchst unangenehmer Erinnerung aus der Zeit, da er zunächst in Potsdam und dann in Lichterfelde in die Kadettenanstalt gegangen war. Würde sich der Knabe mit seinen zwölf Jahren nicht lieber auf einem Abenteuerspielplatz umtun, als ihn, wie die Familie es befohlen, durch Sanssouci zu begleiten? Er dachte zurück an die Zeit, als er selbst so alt gewesen und voll Hochachtung und Herzklopfen zusammen mit den Geschwistern von den Eltern durch den Park des Kaisers und der Kaiserin geleitet worden war. Aber würden sich solch tiefe Eindrücke, wie er sie damals empfangen hatte, es waren die Sommer, bevor der Erste Weltkrieg ausbrach, wiederholen lassen? Wieviel hatte sich geändert, nicht nur in dem Park und in der Welt, auch das Denken und Wünschen gerade der Jungen hatte sich gewandelt. Er selbst hatte seine Heimatstadt Potsdam vor vierzig Jahren zum letzten Mal gesehen, er durfte gar nicht ins Rechnen und Sinnieren geraten, sonst kam zuviel Bewegung in sein Gemüt.

So bat er den Fahrer, am Zimmerplatz zu halten, und ging mit Nils ein paar Schritte die Lennéstraße in Richtung Osten und spürte sofort, wie es dem Urenkel imponierte, daß er ganz selbstverständlich den Einschlupf in den schmalen Weg fand, daß sie nach wenigen Schritten das Grüne erreichten, durch eine kleine Allee kamen und unvermutet schnell zwischen den flankierenden Torhäusern standen, den Blick frei hatten über die große Fontäne, den Gläsernen Weinberg zum Schloß Sanssouci. Ja, das war es! Und dieses Bild war wirklich so schön, wie er es vierzig Jahre im Herzen getragen hatte. Er schämte sich, daß seine Augen feucht wurden, und er schaute auf den Jungen und war plötzlich sehr stolz auf ihn – er fand ein Leuchten in dessen Gesicht, und er wußte, der kleine Kerl hat es begriffen, auf den ersten Blick begriffen, was das hier ist: ein Juwel. Und Nils sagte es auch: »O Großvater, wie ist das schön!«

Langsam, ganz langsam gingen sie zwischen den beiden schmalen Havelkanälen hindurch, an der Großen Fontäne vorbei, und der alte Herr spürte, wie diese ihm einen leichten, feuchten Kuß auf die Wange hauchte, und ahnte nicht, daß der Junge das gleiche dachte. Am Fuß des Weinbergs zog es ihn nach rechts, und wirklich, er fand sie, sie waren noch da: »Schau Nils, diese drei Feigenbäume in den Nischen hier, das sind Pflanzen noch aus der Zeit des Großen Friedrich – mit diesen Feigenbäumen fing alles an. Im Sommer 1743 ließ der König durch seinen Sekretär Charles Etienne Jordan in Marseille vierhundert Feigenbäume bestellen, in fünfzehn Sorten (aber bitte mehr grüne als blaue) und dreihundert Weinstöcke, alles in Kisten gepflanzt und so groß, daß die Pflanzen im selben Jahr noch blühen und fruchten könnten. Das war der Anfang zu diesem gläsernen Berg, der Anfang von Sanssouci.

Das ›Weinberghäuschen‹ Friedrichs des Großen über dem ›gläsernen Berg‹, in dessen Gewächshäusern heute noch einige zu Friedrichs Zeit gepflanzte Feigen wachsen.

Und von jener Lieferung haben diese drei Bäume alle Kriege, alle Zerstörungen überstanden – ein Zeichen dafür, wie gärtnerisch klug die hundertachtundsechzig Korbnischen in den sechs Terrassen geplant und gebaut sind. Daß die Mauern aus Kalktuffstein, die den nach Süden abfallenden Berg stützen, in so weichen Linien geschwungen sind, das entsprach nicht nur dem Stilgefühl des Rokokos, sondern das Sonnenlicht kann sich auf diese Weise den ganzen Tag über fangen. Jede Nische ist mit zwei gläsernen Fensterflügeln und einer halbrunden Lüftungsklappe verschlossen. Dazwischen ist immer die Stützmauer. So korrespondiert der Rhythmus des Weinbergs genau mit der Gartenfront des ›Weinberghäuschens‹, wie der Alte Fritz das Schloß zärtlich nannte. Ich entsinne mich einer Zeit, da auch die Stützpfeiler verglast waren, so daß es tatsächlich wie ein gläserner Berg wirkte, aber dies ist wohl jetzt wieder genau die Form, die der Große Friedrich zusammen mit seinem Architekten Knobelsdorff ausgeknobelt hat.«

Auf jeder Terrasse blieb der alte Herr ausruhend stehen. »Schau es dir genau an, Nils, jedesmal, wenn wir zum Fuß der nächsten Treppe kommen, verschwindet das Schloß und taucht wieder neu und näher auf, je mehr Stufen wir bezwingen. Und das war der Streitpunkt zwischen dem jungen König und seinem Architekten. Dieser wollte das Schloß unterkellern, auf höhere Stufen setzen und auf der oberen Terrasse weiter nach vorn schieben. Der König wollte ein geducktes, verstecktes, ländliches Domizil. Eine absolute Einheit von Weinberg und Schloß. Die beiden, die eigentlich so etwas wie Freunde waren, haben sich darüber im Streit getrennt, und der alte Knobelsdorff ist vier Jahre nicht nach Potsdam gekommen.

Aber der König hat schwer für seinen Dickkopf bezahlt – dreimal mußte zu seinen Lebzeiten das Parkett erneuert werden, weil es durchgefault war. Mit den heutigen Isoliertechniken ist so ein kelleroser Bau kein Problem mehr, aber vor zweihundertfünfzig Jahren war es das schon. Zu spät hat der König das bessere technische Wissen des Architekten anerkannt, aber er war groß genug, es dann auch zuzugeben. In seinem Nachruf auf Knobelsdorff sagte er: Er liebte die Wahrheit und glaubte, sie verletze niemand.«

Sie hatten jetzt die obere Terrasse erreicht. Während der alte Herr die kegelförmig geschnittenen Eiben begutachtete, die offenbar vor nicht allzu langer Zeit nachgepflanzt worden waren – er hatte sie größer in Erinnerung –, stand Nils staunend vor den Karyatiden, jenen in Säulen verwandelten Bacchanten, deren Lebenslust noch jeden Betrachter fasziniert hat. »Das dachte ich mir, daß dir das gefällt. Ganz genau weiß man gar nicht, wer sich diese lustige Gesellschaft eigentlich in allen Einzelheiten ausgedacht hat, wahrscheinlich war es Johann August Nahl, jener Straßburger Bildhauer, der viel in Berlin und Potsdam für den Großen Friedrich gearbeitet hat, so viel, daß ihm die Aufträge des ungeduldigen Königs eines Tages zuviel wurden und er bei Nacht und Nebel sein Bündel packte und davonging. Der König war wütend und hat ihn in ganz Europa mit einem Haftbefehl suchen lassen – in Straßburg wurde der Bildhauer gefunden –, aber der König und er haben sich dann doch geeinigt – Johann August Nahl ging zurück an den preußischen Hof, aber nur für die Zeit, bis die angefangenen Arbeiten beendet waren und der König längst fällige Rechnungen bezahlt hatte.«

»Großvater, du sagst ›Weinberghäuschen‹, mir kommt es zwar nicht übermäßig groß vor für ein Schloß, aber doch sehr prächtig.« – »Das war der Stil der Zeit, in der es gebaut wurde. Das Rokoko war voll Lebenslust, voll

Liebe zum Schönen und ganz überzeugt, daß die Zukunft der Menschen durch die vielen Entdeckungen, die man damals machte, und durch die Entwicklung der Wissenschaften eine glückliche sein werde. Was dir heute prächtig erscheint, war damals im Vergleich mit anderen Königsschlössern wirklich bescheiden.«

Nils spürte, daß der alte Herr ein wenig ermüdete. »Komm, Großvater, hier rechts im Laubengang ist es schattig, da können wir doch unser Frühstücksbrot essen.« »Immer bist du hungrig, das ist halt die Jugend«, knurrte der alte Herr, ging aber gern mit. »Ja, von hier haben wir einen guten Blick auf die Ost-Terrasse, da hat sich der König schon während der Bauzeit seines Weinbergs eine Grabkammer geschaffen. Vielleicht hat das Schloß seinen Namen Sanssouci – ohne Sorgen – von dieser Stätte, an der er hoffte, ohne Sorgen zu sein. Aber man hat ihm diesen Wunsch nicht erfüllt. Sein Nachfolger ist überhaupt in vielem sehr respektlos mit seinem großen Onkel umgegangen. Erst jetzt, im Sommer, im vergangenen August, hat er endlich hier Ruhe gefunden, in seiner Gruft.« Der alte Herr dachte, daß er sich viel vorgenommen habe, dem Jungen (aber eigentlich sich selbst, wie er sich eingestand) das ganze riesige Parkgebiet zu zeigen. »Weißt du, Nils, ich meine, wir sollten unsere Kräfte einteilen und heute bei dem schönen Herbstwetter nur den Park mit seinen verschiedenen Teilen anschauen und in ein paar Tagen zurückkehren und die Bauten von innen betrachten – einverstanden?«

Natürlich sagte der Junge ja, denn er hatte längst Sorge, ob es nicht zuviel werden könne für den alten Herrn, dessen innere Bewegung er wohl spürte. Sie schauten gemeinsam in den Plan des Gartenführers. Von Nils kam der Vorschlag: »Großvater, wenn wir den kleinen Teil nach Osten heute weglassen und ihn anschauen, wenn wir die Schlösser betrachten, ist das nicht praktischer?« Der alte Herr maulte: »Aber auf den Holländischen Garten vor der Bildergalerie habe ich mich doch ganz besonders gefreut – die Idee dazu hat Friedrich der Große bei einer Reise bekommen, die er 1755 inkognito nach Holland unternommen hat. Dieser Gartenteil ist in meiner Erinnerung voll geschnittener Hecken und Lauben aus Eiben und Buchsbaum ein wirklicher ›Grüner Salon‹, in dem die Hofgesellschaft plaudernd und diskutierend umherwandern konnte. Die liebsten Gäste waren dem König ja Künstler und Philosophen, sein Freund Voltaire nannte Sanssouci ›ein Paradies der Philosophen‹, und die Gartenplastiken, die in dieser Zeit entstanden, sind fast alle Gestalten aus der antiken Mythologie – wenn du so willst, Lehrstücke für die Betrachter, was das Leben den Göttern und Menschen alles an Gutem und Schlechtem schenken kann. – Ja, ich bin mit deinem Vorschlag einverstanden, Nils, der Holländische Garten läuft uns nicht davon. Gehen wir um das Schloß herum durch den Kolonnadenhof zu den Neuen Kammern.

Eigentlich ist dieses schöne Säulenhalbrund viel zu groß für das kleine Schloß, aber es ist als Vorfahrt für die Kutschen gebaut. Der König fuhr gern ›Sechse lang‹, das meint, sechs Pferde wurden lang hintereinander gespannt, wodurch der Zug mit der Kutsche eine Länge von dreißig Metern bekam – und dafür brauchte man einfach einen so großen Wendekreis. Es bedurfte auch dann noch besonderer Geschicklichkeit der Kutscher, daß es bei dem vom König gewünschten Tempo nicht zu Unfällen kam. Die Zufahrt führte ursprünglich von Norden, vom Ruinenberg kommend, über eine verhältnismäßig schmale Rampe. Erst Wilhelm IV. hat im vergangenen Jahrhundert die seitlichen Anfahrten geschaffen. Von hier aus hat man einen wunderbaren Blick zum Ruinenberg. Dort ist das Wasserreservoir für die Fontänen des Gartens. Es wurde von Knobelsdorff und seinen Bildhauern mit diesen antikisierenden Tempelanlagen geschmückt. Dieselben Leute hatten auch längst im Park diverse Fontänen gebaut, da in den architektonischen Gärten des achtzehnten Jahrhunderts das lebendige Element Wasser in vielerlei Hinsicht unersetzbar schien.

Der schönste Springbrunnen, der im Rehgarten in der zweitausenddreihundert Meter langen Hauptachse gelegene Kolonnadenbrunnen, muß ein Juwel der Rokokobaukunst gewesen sein. Ihn ließ des Großen Königs Nachfolger leider als Steinbruch für sein Marmorpalais benutzen. Aber Sparsamkeit war ja immer ein Zeichen preußischer Staatskunst, und Friedrich Wilhelm II. reuten die zweihunderttausend Taler, die sein Onkel für diesen Kolonnadenbrunnen ausgegeben hatte. Diese riesige Springbrunnenanlage im Rehgarten galt als ›müßig dastehender Prachtbau‹, denn tatsächlich hatte er bis 1797, als er abgebrochen wurde, niemals seinen Zweck als Brunnen erfüllt.

Nur eine einzige der mit großem Aufwand gebauten Fontänen, die auf der rechten Schloßterrasse, hat Friedrich einmal für etwas länger als eine halbe Stunde sprudeln sehen. Die Baugeschichte hört sich an wie ein Kriminalroman. Es ist unverständlich, wie es möglich war, daß ein so kluger, empfindsamer Mann immer wieder auf Scharlatane hereinfiel, die sich rühmten, sie seien ›Fontainiers‹. Es muß eine richtige Leidenschaft gewesen sein, die ihn blind machte für Tatsachen. Er wollte unbedingt auch, wie die anderen Potentaten seiner Zeit, hoch hinaufstrahlende Springbrunnen besitzen. Es verließ ihn das Urteilsvermögen für das Können der Leute, die sich in erster Linie darauf verstanden, das Geld aus des Königs Tasche in die eigene springen zu lassen. Am komischsten ist die Geschichte von den beiden Holländern Johann Boumann und seinem Freund Heintze. Sie hatten die Idee, durch die Kraft einer Windmühle das Havelwasser auf den Ruinenberg zu pumpen und durch den Falldruck die vorgesehenen zweiundsechzig Fontänen zum Sprudeln zu bringen. Nachdem viel Geld ausgegeben war, mußten sie ihr Scheitern eingestehen – sie wurden mit der Verrohrung nicht fertig, immer wieder wurde sie undicht. Der König ließ als Antwort ein Ölbild malen, das zwei lebensgroße Esel zeigte, darunter stand: Hollandse Fontaenen-Maakers. Als die Ölfarbe gut trocken war, wurde das Ganze mit einer kräftig gebundenen Wasserfarbe mit einem harmlosen Motiv übermalt und über die Haustür der Fontainiers gehängt als Geschenk des Königs. Dort hing es bis zum ersten kräftigen Regen, der die Wasserfarbe wegschwemmte. Na, Nils, du kannst dir denken, wie alle hier in Potsdam gelacht haben – bis in die fernsten Ecken Preußens hat man sich die Geschichte erzählt.

Erst 1780 resignierte der Alte Fritz und gab auf. Fast hundert Jahre nach Beginn der Bauarbeiten hat der große Industrielle Borsig es geschafft, die richtigen Eisenrohre zu gießen und mit einer Dampfmaschine von achtzig Pferdestärken das Wasser auf den Ruinenberg zu heben. Ich habe vor kurzem gelesen, daß dieses System immer noch funktioniert.«

Die westliche Terrasse vor dem Schloß mit einem dem Sonnengott geweihten, filigranen Pavillon.

Während des Erzählens waren sie an den Neuen Kammern vorbei in den Sizilianischen Garten gekommen. Nils konnte einen recht kräftigen Ausdruck der Begeisterung nicht unterdrücken. Die Palmen vor der figurenbekrönten Terrasse, die stachligen Agaven zwischen den von Buchsbaum umschlossenen bunten Blumenbeeten begeisterten ihn. Die dunkelrotblättrige Buche neben schlanken, säulenförmig wachsenden Bäumen – all das gab eine sehr fremde, sehr südliche Stimmung. Das schien dem Jungen eine nie zuvor gesehene Welt zu sein. Der alte Herr wußte nicht, worüber er sich mehr freute – über den guten Pflegezustand des Gartens nach diesen langen schwierigen Jahren oder über die offenbar echte Begeisterung des Urenkels. Er fühlte, wie ihn die Freude beschwingte und wie er jedes Gefühl von Müdigkeit vergessen hatte.

»Nils, du mußt unbedingt bald mit deinem Vater eine Kunstreise nach Italien machen, spätestens in ein oder zwei Jahren. War zur Zeit des Alten Fritz auch Frankreich die geistig führende Nation, so ist schon damals viel römischer Geist zusammen mit den Antiken nach Potsdam gelangt, viel stärker natürlich im folgenden Jahrhundert in der Ära Schinkel, Persius, Lenné. Warte nur, bis wir zum Charlottenhof und den Römischen Bädern kommen, da wirst du staunen, wenn dieser südliche Charme dich so begeistert. Da fällt mir gerade ein, auch Friedrich, der damals noch Kronprinz war, hat Knobelsdorff 1736 zu einer ausgedehnten Studienreise nach Italien geschickt. Übrigens muß ich dir sagen, daß ich sehr erstaunt und stolz bin, für was du dich schon interessierst. In meinen Erinnerungen war ich, waren auch meine Söhne im Alter von knapp dreizehn doch noch verspielte Kinder.«

Sie hatten die Maulbeer-Allee erreicht und stiegen über die Jubiläums-Terrassen auf, die Neue Orangerie aus den verschiedenen Blickwinkeln zu betrachten. »Hier sind wir an einem Schnittpunkt der Zeiten«, erklärte der alte Herr. »Nachdem die alte Orangerie schon bald nach dem Bau von Sanssouci zu den ›Neuen Kammern‹ umgebaut wurde, um Gäste des Königs aufzunehmen (sans femmes), war die Überwinterung der Kübelpflanzen lange Zeit ein großes Problem. 1851 entwarf Ludwig Persius die klassizistische Neue Orangerie im Auftrag Friedrich Wilhelms IV. Dieser König hat Sanssouci wieder sehr geliebt, im Unterschied zu seinen zwei Vorgängern. Alles, was diese hatten verwahrlosen oder ungeschickt hatten verändern lassen, suchte er wieder ins rechte Lot zu rücken. Er war belesen und gebildet, ein Schöngeist wie der Alte Fritz, von dem einmal jemand gesagt hat: ›Der Friederich, der Friederich, das war ein großer Leserich.‹ Ein lesender Ästhet war auch der Großneffe, und dieser hatte, ähnlich dem Großen Friedrich, Künstler zur Seite, die seine Gedanken in Bauwerke und Gärten umsetzen konnten. Damals wurde jenes Antlitz Berlins geprägt, das es hundert Jahre bis zu den Zerstörungen im Zweiten Weltkrieg und danach trug. Die Schöpfer der Stadt Berlin und dieses Seengebietes hier um Potsdam hießen Schinkel, Persius, Schadow und Lenné. Sie wollten hier ein Arkadien schaffen, eine ländliche Welt, in der nur das Rechte und edle Menschen Platz hätten. Die Landschaft, die sie schufen, und die Bauten lassen etwas von diesen Idealen ahnen.

Doch die Terrasse, auf der wir im Augenblick stehen, ist eigentlich die letzte große Veränderung in dem Park, gewissermaßen der Schlußstein, den wir jetzt in der Mitte unseres Rundweges betrachten. Sie heißt die ›Jubiläumsterrasse‹. Man hat sie 1913 zur fünfundzwanzigjährigen Regentschaft Kaiser Wilhelms II. gebaut, ebenso wie die Gartenanlage davor, mit der eine Verbindung zur Großen Allee geschaffen wurde. Ich erinnere mich noch genau an den Spaziergang mit meinen Eltern hier, damals war ich knapp zwei Jahre jünger, als du jetzt bist. Alle Zentren dieser neuen Anlage waren mit kunstvollen Teppichbeeten aus Blumen aller Farben bedeckt, es war ›Kaiserwetter‹, wie man damals strahlenden Sonnenschein nannte. Vater war natürlich in der Uniform eines Obersten des Ersten Garde-Regiments und führte Mutter galant am Arm, was aber durch den ständigen Zwang zum militärischen Gruß zu einiger Unruhe führte. Mein Bruder und ich trugen die Uniformen der Potsdamer Kadettenanstalt.«

»Großvater, ich wußte gar nicht, daß dein Vater Oberst gewesen ist.« – »Ach, hat man dir das nie erzählt? Weißt du nicht, daß auch ich früher Offizier war?« »Nein, Großvater, das weiß ich nicht, du warst doch Gartenarchitekt.« »Ja, aber nicht immer. Erzogen wurde ich in der Tradition meiner Vorfahren zum Offizier im Ersten Garde-Regiment des Kaisers. Fünf Ahnen direkter Linie waren Träger des Ordens Pour le mérite, einer trug das Großkreuz des Schwarzen Adlerordens.« »Großvater, du erzählt so stolz davon, ich weiß aber gar nicht richtig, was Orden sind und was sie bezwecken.«

»Ja, Nils, das ist heute gar nicht mehr so leicht zu erklären. Der König konnte seinen Soldaten und Offizieren nicht sehr viel Geld bezahlen. Bevor ich zum Oberleutnant befördert wurde, reichte mein Geld nicht, daß deine Urgroßmutter und ich heiraten konnten, daß ich sie und meine Kinder standesgemäß hätte ernähren können – so gab der König allen, die ihre Pflicht oder mehr als das getan taten, wenigstens Auszeichnungen, Orden, damit sie mit einer gewissen Zufriedenheit ihren Dienst taten. Das etwa ist es, kurz gesagt, aber das ist lange noch nicht der ganze Sinn. Ich wurde zum Beispiel im Frühsommer 1918 von der Kadettenanstalt weg Fahnenjunker im Ersten Garde-Regiment zu Fuß, dem persönlichen Regiment des Kaisers, dessen Kommandeur mein Vater war. Da ich schon eine gewisse militärische Ausbildung hatte, kam ich sofort an die Front, sechzehn Jahre alt! Ich war ein Heißsporn und habe, wie es hieß, mich durch besondere Tapferkeit vor dem Feind in der Marneschlacht ausgezeichnet. Dafür bekam ich das Eiserne Kreuz 2. Klasse und wurde innerhalb von vier Monaten Leutnant – einer der jüngsten Leutnants des Heeres. Wenn ich später darüber nachgedacht habe, was ich damals in der Marneschlacht tat, so war es keine tapfere Tat, sondern einfach totale Unerfahrenheit. Gott der Herr hat seine Hand über mich gehalten, sonst ginge ich heute nicht neben dir.«

»Ach, und wie ging dein Leben weiter, Großvater?«

»Ich blieb auch nach dem Waffenstillstand beim Regiment, das nun 98. Infanterie-Regiment hieß. Meine Mutter, Vater war im Krieg gefallen, wohnte damals in der Breitenstraße. Natürlich lebte ich nach der Heimkehr nach Potsdam wieder bei ihr. Die Kasernen des Regiments waren nicht weit entfernt in der Priesterstraße. Die alten Kästen waren einmal eine Gewehrfabrik des Soldatenkönigs gewesen. Wenn ich morgens beim ersten Ton des Glockenspiels von der Garnisonskirche das Haus verließ, kam ich pünktlich beim letzten Ton am Kasernentor an. So begleitet dieses Lied, ›Üb' immer Treu und Redlichkeit bis an dein kühles Grab; und weiche keinen Finger breit, von Gottes Wegen ab‹, jeden Tag meinen Weg zum Dienst, wie es früher schon meinen Schulweg begleitet hatte. Junge, so etwas sitzt in einem drin, das kann man nie mehr aus sich herausreißen.

Aber ich entsinne mich genau, daß dieser oft rotzfreche Leutnant, der ich damals war, auch von vielen Zweifeln und Ungewißheiten geplagt wurde. War das, wozu ich erzogen war zu denken, auch lebbar? Lebbar in dieser veränderten Welt? Der Kaiser in Doorn, abgedankt, Deutschland von bürgerkriegsähnlichen Zuständen zerrissen – was würde werden? Am stärksten plagten mich Gewissenskonflikte, als ich einen Eid auf die Weimarer Verfassung schwören mußte. Damals, im Krieg, da ich als Fahnenjunker zum ersten Mal den Eid auf Kaiser und Vaterland ablegte, hatte es in den Instruktionen geheißen: ›Wenn man den Fahneneid leistet, gibt man sich selber auf und überliefert sich ganz und gar dem Monarchen, um Gottes Willen zu vollziehen; und durch diesen blinden Gehorsam empfängt man die Gnade und die Bestätigung des Titels eines Soldaten.‹ Als ich das neulich in alten Papieren nachgelesen habe, ist mir ganz heiß geworden.

Aber wir kommen völlig vom Thema ab, lieber Nils. Das ›Neue Stück‹, das sich bis zu dem Figurenrondell in der Hauptallee zieht, ist, genau wie der Landschaftsgarten östlich der Neuen Orangerie, ein Werk von Georg Potente, der mehr als dreißig Jahre in diesem Jahrhundert Gartendirektor von Potsdam war. Meine Eltern und später auch ich waren eng mit ihm befreundet. Er hat viel Gutes für Sanssouci bewirkt, aber ein bitteres Schicksal gehabt. 1937 wurde er aus politischen Gründen entlassen. Nach einer Haftzeit suchte er in Schlesien Schutz bei Freunden, floh von dort vor dem russischen Einmarsch mit einem Handwagen zu Fuß zurück nach Berlin, fand keine Unterkunft und hat sich aus Verzweiflung erschossen. Ich muß oft an ihn denken, denn er ist unzählige Male, schon als ich hier noch in Leutnantsuniform herumspazierte, mit mir durch den Park gewandert und nahm in langen Gesprächen einen entscheidenden Einfluß auf mein Leben.«

Während dieser Erzählung hatten sie das ›Neue Stück‹, dessen einst riesige Sommerblumenbeete nun mit Gras bewachsen sind, durchschritten und waren zum Figurenrondell gekommen. Sie setzten sich auf eine der gerundeten Marmorbänke. Zuvor hatten sie den Blick nach rechts und links durch die Achse der Hauptallee genossen. Die Bäume waren offenbar in diesem Sommer geschnitten worden und bildeten nun fast zwanzig Meter hohe grüne Wände, eine beeindruckende Pflanzenarchitektur. Sie mußten etwa in der Mitte der Strecke sein zwischen der Großen Fontäne und dem Neuen Palais, hinter dem die nachmittägliche Sonne aufstrahlte.

»Großvater, eigentlich sind schrecklich viele Figuren im Park, viel mehr, als sein müßten, finde ich.« »Ja, Nils, vielleicht hast du recht, früher waren es sogar noch sehr viel mehr. Der Große Friedrich hatte eine Unzahl goldener Bleiskulpturen aufstellen lassen, die aber der Witterung nicht standhielten.« »Aus echtem Gold, der muß aber reich gewesen sein.« »Natürlich waren die nicht massiv aus Gold, sie hatten über der aus Blei gegossenen Figur nur einen hauchdünnen Überzug, Nils. Gold ist sehr dehnbar, man kann es sogar zu feinen Fäden ziehen, und daraus werden dann die Goldbrokate gewebt. Diese Kunst beherrscht man schon viele tausend Jahre.

Daß es dir zu viele Figuren sind, kann ich auf eine Weise verstehen. Aber du solltest vielleicht einmal bedenken: In allen Jahrhunderten, von denen wir Berichte haben, ja sogar in der prähistorischen Welt, das meint die Zeit, die nur Bilder, aber keine schriftlichen Aufzeichnungen hinterließ, haben Menschen Gärten angelegt. Aber die Gärten sehen in der langen Zeit, da es sie gibt, sehr verschieden aus, je nachdem, für was die Menschen sie nutzen wollten. Im 18. Jahrhundert, zur Zeit des Großen Königs, waren solche Gärten wie Sanssouci Treffpunkte der Hofgesellschaft. Man ging in ihnen spazieren, und die vielen Figuren aus der Mythologie der alten Welt gaben Gesprächsstoff. Man konnte sich sowohl über die künstlerischen Qualitäten wie über ihre Bedeutungen unterhalten. Im folgenden Jahrhundert rückt das wissenschaftliche Interesse an Pflanzen neben dem an ihrer Schönheit in den Mittelpunkt der allgemeinen Aufmerksamkeit. Aus den fernen Ländern kamen Pflanzen von nie geahntem Aussehen und in großer Fülle. Die ›Kunstgärtnerei‹ erlebte eine große Blütezeit im wahrsten Sinne des Wortes.

Ein solcher ›Kunstgärtner‹, Peter Joseph Lenné, kam 1816 nach Sanssouci und rückte bald in eine gehobene Position auf. Er war fünfzig Jahre vorwiegend hier und in Berlin tätig – das Gebiet des großen Landschaftsparks, in den wir jetzt kommen, ist sein Werk. Er stammte aus einer Gärtner-Familie, war vorzüglich ausgebildet, hatte in Paris, Brüssel und Wien gearbeitet, reiste später zum Studium der großen Landschaftsparks nach England und nach Italien. Er war ein kultivierter Mann, weltoffen, großzügig, energiegeladen. Trotzdem bescheiden und mit einem tiefen Gefühl für pflanzliche Strukturen.

Wahrscheinlich stammt die Idee von ihm, die sandige Mark Brandenburg hier in ein romantisches, südliches Arkadien zu verwandeln. Alle die großen Parks, die sich hier um das Havelland ziehen, sind sein Werk, oder er hat zumindest mitgewirkt. Aus England übernahm er die Idee, die umgebende Landschaft optisch so in den Gärten einzubinden, als gehöre sie dazu. Er wollte Potsdam zu einer Insel der Schönheit und dadurch der inneren Freiheit machen. Die Ausstrahlung von Harmonie sollte erzieherisch auf die Betrachter wirken. Es war ein glücklicher Umstand, daß zur gleichen Zeit Schinkel und sein Schüler Persius für den Preußenkönig als Baumeister tätig waren, die diese Geisteshaltung teilten.

Aber bevor wir unsere Marmorbank hier im Figurenrondell Friedrichs des Großen und damit seine Welt endgültig verlassen, solltest du wenigstens aus der Ferne einen Blick durch diese Sichtschneise auf sein Teehaus werfen, das im Stil der Chinoiserie dort hinten steht. Seine goldenen Figuren vor dem kupfergrünen Bau leuchten bis zu uns. Die Liebe zum Chinesischen war eine Besonderheit des 18. Jahrhunderts, die oft ins Komisch-Theatralische abglitt, aber auch sehr reizvolle Dinge wie diesen Pavillon erzeugte, obwohl er mit China nicht mehr gemeinsam hat als die eigentlich sogar mandschurische Tracht, mit der die Figuren bekleidet sind. – So, dieser Blick ist für heute zugleich unser Abschied von der friderizianischen Zeit, von dem Höhepunkt des deutschen Rokoko.«

Über schmale Pfade, gelegentlich von dichtem Wald umgeben, der von verehrungswürdigen alten Eichen durchsetzt war, erreichten sie nach wenigen hundert Metern die Römischen Bäder. Immer wieder hatten sich auf diesem kleinen Weg neue Bilder vor ihnen entfaltet, wie Theaterkulissen einzelne Szenen aus Bäumen, Büschen, Wiese, Hügeln und Wasserflächen neben- und voreinander geschoben. Der alte Herr war entzückt, denn er fand alles fast schöner wieder, als er es in seiner Erinnerung geborgen hatte. Oder war es das Staunen des Urenkels, das seine eigene Begeisterung noch beflügelte? Aber es gingen ihm auch die kritischen Stimmen durch den Kopf, die zu Lenné nicht gefehlt hatten. Man kritisierte sein Ausdünnen der Gehölze im Rehgarten und am Ruinenberg, man warf ihm respektlosen Umgang mit dem Werk des Alten Fritz vor, besonders die Umwandlung des großen Blumenparterres am Fuße des Gläsernen Weinbergs. Aber sowie man handelt, setzt man sich Kritik aus. Die Römischen Bäder waren wieder ganz nach

dem Geschmack von Nils. Die reiche Blumenpflanzung in Form von Teppichbeeten, die Pergola, aber vor allem das eigentliche Bad ließ ihn staunen: Das gedämpfte Licht, das in der Vorhalle nur durch zwei seitliche Maueröffnungen auf eine kostbare Badewanne aus Jaspis fiel (der alte Herr glaubte sich zu erinnern, daß es ein Geschenk des Zaren war), die warmroten Wände, der Durchblick durch eine hellere Zone in die noch dämmrigere Badehalle.

Eine der vielen Sichtachsen, die durch den Landschaftspark führen. Sie leitet hin zum Chinesischen Teehaus.

Alles mit Skulpturen geschmückt. Erst als sich die Augen an das matte Licht gewöhnt hatten, sahen sie, daß vor einer halbkreisförmigen Nische in der Rückwand das eigentliche Bad in den Boden eingesenkt ruht und über dem Badenden der Blick zum freien Himmel sich öffnet. Strenge Marmorkaryatiden, ganz anders als die von Schloß Sanssouci, tragen das Dach. Erst dann betrachteten sie das Mosaik im Fußboden des Eingangs genauer.

»Großvater, was ist das für ein Kampf?« »Soweit ich mich erinnere, ist es die Alexanderschlacht, damals wurde der Perserkönig Darius von Alexander dem Großen vernichtend geschlagen.« »Oh, das ist doch: drei, drei, drei, bei Issos Keilerei? Das haben wir gerade in der Geschichtsstunde durchgenommen! Und zu welchem Zweck hat man dieses Haus hier gebaut?« »Das ganze Gebiet, in dem wir jetzt sind, war 1825 ein königliches Weihnachtsgeschenk. Friedrich Wilhelm III. schenkte es seinem Sohn, dem Kronprinzen. Damals war es Ackerland, von dem die Potsdamer Bauern wenige Monate zuvor noch den letzten Hafer geschnitten hatten. Ein kleiner, einfacher Gutshof stand darauf, der aber schon Charlottenhof hieß. Zunächst hat Schinkel zusammen mit Persius das alte Haus im Stil einer antiken Villa umgebaut, als Wohnung für den Kronprinzen und seine Frau, eine bayerische Prinzessin. Es wurde ein Kleinod des Berliner Klassizismus.

Dann entstanden, zunächst als Teehaus geplant, diese Römischen Bäder hier. Ursprünglich hatte man vorgehabt, nach den Beschreibungen, die Plinius im ersten Jahrhundert von seinem Landsitz gab, dessen ganze Anlagen nachzubauen. Dann begnügte man sich aber mit der Erweiterung des Havelkanals zu einem langgestreckten See und diesen beiden Hauptgebäuden, wozu noch der Umbau eines vorhandenen Gärtnerhauses und andere Kleinigkeiten kamen. Lenné hat dann den Charlottenhof – komm, wir gehen langsam hinüber – ganz mit blühenden Gärten umgeben und damit bewiesen, daß er nicht nur ein Meister der Landschaftsarchitektur, sondern ebenso der Kunst fein in Höhen abgestufter geometrischer Gartenräume war, die er mit bunten Blumen, schattigen Lauben, angenehmen Sitzplätzen füllte. In die repräsentative Welt der Herrscher ist hier schon viel bürgerliche Bequemlichkeit des Wohnens im Garten eingezogen.

Was ich immer sehr bewundert habe und was ich zu meiner Freude auch heute noch erhalten finde, ist der wunderbare Gegensatz zwischen diesen lebhaften üppigen Blumengärten an der Süd- und Ostseite von Charlottenhof, in denen Lenné sein ganzes Pflanzeninteresse durchspielen konnte, und der großen Ruhe des Blicks in den Landschaftspark, über die weiten Wiesen zum Neuen Palais. Lenné war einmalig im Schaffen solcher Sicht-Achsen. ›Öffnen und Schließen der Landschaft‹ nennt man das in China.«

»Großvater, was sind das alles für originelle Sitzmöglichkeiten – schau mal hier –, da sollten wir ein wenig ausruhen. Ich möchte nämlich noch wissen, wie es denn kam, daß du nicht mehr Offizier, sondern Gartenarchitekt warst.«

»Das ist nicht leicht und doch auch wieder ganz leicht zu erklären. Ursprünglich war ich gern Offizier. Vorhin, als wir in der Nähe des Antiken-Tempels vor dem Neuen Palais vorüberkamen, wäre ich am liebsten hinübergegangen, denn es übermannte mich die Erinnerung, wie stolz ich war, als ich in den zwanziger Jahren bei der Beisetzung des Sarkophages der letzten deutschen Kaiserin dort, mit blankem, gezogenem Degen Ehrenwache halten durfte.

Aber diese Welt löste sich mehr und mehr in Nebel auf, schon vor 1933. Dann kam der Tod des Reichspräsidenten Hindenburg. Kurz danach ließ uns der Oberbefehlshaber des Heeres, Generalfeldmarschall Blomberg, zu einem Fahneneid antreten und, ohne daß jemand von uns zuvor die Eidesformel kannte, einen Eid schwören, der uns verpflichtete, für Adolf Hitler (für die Person!) alleine leben und sterben zu wollen. Ich habe diesen Eid geschworen, denn ich konnte nicht anders, ich stand in vorderster Reihe. Doch danach bin ich in große Gewissensqualen verfallen – das war vor allem die Zeit, in der ich mit dem damaligen Gartendirektor Georg Potente in endlosen Gesprächen durch diesen Park wanderte. Dies ›Üb' immer Treu und Redlichkeit…‹ klang in mir und wurde mir täglich vom Glockenturm der Garnisonskirche zugerufen. Ich erbat meinen Abschied und bekam ihn auch sofort, ging nach Dahlem und studierte Gartenarchitektur, in den Semesterferien arbeitete ich bei dem großen Gärtner Karl Foerster in Potsdam-Bornim. Gerade ein Jahr war ich mit der Ausbildung fertig, da kam der große Krieg. Für mich hat er nur gut ein halbes Jahr gedauert, am ersten Tag des Frankreich-Feldzugs verlor ich mein linkes Bein – ja und von da an war ich nur noch Gartenarchitekt.

An mir hat sich wirklich der Satz erfüllt, den Voltaire schrieb: ›Man endet notwendigerweise damit, seinen Garten zu bestellen; alles übrige, mit Ausnahme der Freundschaft, hat wenig Bedeutung‹ – ich danke dir für deine Freundschaft, Nils.«

Die Sonne war schon längst hinter dem Neuen Palais verschwunden. Im Abendlicht lag in großer Stille der Park. Miteinander schweigend gingen die beiden auf den Ausgang zu.

Herrenhausen

Dieser Garten ist die Schöpfung einer Frau, obwohl der Name sich so männlich gibt: Herrenhausen. Sophie, Kurfürstin von Hannover, Enkelin Jakobs I., des Königs von England, zwölftes Kind des Pfalzgrafen Friedrich zu Heidelberg und der schönen englischen Elisabeth – Sophie war eine Frau, der sich viele Träume erfüllten, die größten erst nach ihrem Tod. Ihr Sohn wurde König von England, und die Haupt-Fontäne ihres Gartens sprang sechsunddreißig Meter hoch. Während der Emigration ihrer Eltern – der Vater war nur einen Winter König von Böhmen gewesen – im Dreißigjährigen Krieg in Holland geboren, wurde sie von der Garten- und Pflanzenliebe der Bewohner dieses Landes geprägt. Lebenslang hat sie nichts so beschäftigt wie die Betrachtung, Planung und Anlage von Gärten. Sie heiratete den jüngsten Sohn, Ernst August, des Herzogs von Calenberg, der drei Jahre nach ihrer Hochzeit Bischof von Osnabrück wurde, denn im Westfälischen Frieden war festgelegt, daß immer ein Protestant und ein Katholik im Wechsel das Bistum verwalten sollten. Da das Protokoll für die Frau eines Bischofs keinen Platz vorsah, begleitete sie ihren Mann auf seinen Reisen stets inkognito als Mme. d'Osnabrück. Sie genoß diese zuvor nie gekannte Freiheit ›to see fashions‹ und nahm mit allen Sinnen die fremden Eindrücke auf.

In den Jahren 1664 und 1665 ist das Ehepaar in Rom, und Sophie bewundert die italienischen Gärten, die für sie ohne Beispiel sind. Sie würde nun gern selbst einmal einen Garten gestalten. Zurückgekehrt schreibt sie ihrem Bruder nach Heidelberg: »denn ich habe alle römischen Gärten in meiner Vorstellung, wie auch die sehr schönen Fontänen«. Sie macht ihm Vorschläge für die Veränderung des Heidelberger Schloßparks, findet aber keine Gegenliebe.

Grüne Buchsornamente, mit farbigem Kies illuminiert, im ›Großen Garten‹ von Herrenhausen, sind Stilelemente des Barock.

Sophie muß zäh in der Verfolgung ihrer Pläne gewesen sein, denn als die Familie nach Osnabrück in das neue Schloß übersiedelt, beginnt sie gemeinsam mit dem Gärtner Martin Charbonniers, einen Garten anzulegen. Woher Charbonniers kam, ist unklar, aber zur Zeit des großen Le Nôtre machte fast allein ein französischer Name den Gärtner schon vertrauenswürdig.

Unklar ist, ob Charbonniers ein ausgebildeter Gartenarchitekt oder ein Maler war oder ›Steinmetz‹, wie Le Nôtre gern abwertend von denen sagte, die die Gärten mit gebauten Teilen überluden. In der Zusammenarbeit mit Sophie hatte er die Chance, seine besten Talente zu entfalten – und er hat diese Chancen genutzt. Wie Sophie hatte er eine starke Vorstellungskraft und die Gabe, in langen Zeiträumen großzügig zu denken. Während sie gemeinsam an dem Osnabrücker Garten planten und bauten, schreibt sie an ihren Bruder: »Aus Ernst Augusts Zimmer trete ich in den Garten. Er ist noch nicht besonders schön, aber ich freue mich, ihn fortschreiten zu sehen, vielleicht bin ich tot, bevor man Schatten in ihm findet, aber daran denke ich nicht; auch der Gärtner tut es nicht, denn wir sprechen darüber, wie der Garten in dreißig Jahren sein wird, als ob es sich nur um dreißig Tage handele.« Im Sommer 1679 besucht Mme. d'Osnabrück Frankreich und seine Gärten. Der Sonnenkönig selbst führt sie im Wagen durch Versailles, alle Fontänen springen. Bei einem Diner im Garten beeindrucken sie die kunstvollen Aufbauten der Früchte zum Dessert. Sie bewundert Versailles, aber sie steht der gewaltigen Gartenschöpfung auch kritisch gegenüber; der zu große Aufwand bringe die Natur in Gefahr, ausgelöscht zu werden (»que la dépense a fait plus de merveille que la nature«). Trotzdem ist französischer Einfluß in Herrenhausen unverkennbar, das entsprach einfach dem Geist der Zeit. In seinem Buch *Französischer Baum- und Stauden-Gärtner* schreibt Gräfflinger 1665: »Kleider, Sitten, Trank und Speise / sind nun nach der frantzen Weise / ey so last euch an der Elbe / unsern Garten wie derselbe / bey den frantzen wird geheget / angebauet und gepfleget / legen, bauen und verpflegen.«

Kurz nach Sophies Rückkehr aus Paris stirbt ihr Schwager, Herzog Johann Friedrich. Ihr Mann Ernst August wird Regierender Herzog von Braunschweig-Lüneburg. Sie muß den geliebten Garten in Osnabrück verlassen, und man tröstet sie in Hannover mit Herrenhausen. Dort findet sie ein Jagdschlößchen mit einem kleinen Garten und großen Plänen zu dessen Erweiterung. Nach drei Jahren Ungeduld, in denen praktisch nichts vorwärtsgegangen ist, beruft sie Charbonniers zum Hofgärtner und beauftragt ihn mit dem Bau des großen Gartens Herrenhausen, schickt ihn aber zuvor noch einmal auf eine Studienreise nach Holland, dessen Gärten offenbar ihrer Idealvorstellung am nächsten kommen. Diese Vorstellungen waren groß und prächtig, in Versailles hatte sie aber gelernt, das rechte Maß zu achten. Die Stadt Hannover bedeckte damals eine Fläche von achtzig Hektar; sie ließ Charbonniers den Garten für eine Größe von fünfzig Hektar planen.

Das Bauen von Schlössern und Gärten war im Barock mehr als ein Lusterlebnis, es war Manifestation herrscherlicher Macht und Potenz. Colbert schrieb an Ludwig XIV.: »Eure Majestät wissen, daß in Ermangelung der Kriegstaten nichts die Größe und den Geist eines Fürsten in höherem Maße beweist, als die Errichtung von Bauwerken, die ganze Nachwelt mißt die Fürsten am Maßstab der herrlichen Gebäude, die sie während ihres Lebens geschaffen haben.« In Deutschland erhöhte die Konkurrenz zwischen den vielen kleinen Landesfürsten die Ansprüche. Als die Herrenhäuser Gärten entstanden, waren zwischen Rhein, Spree und Donau mindestens zehn ähnlich große Gärten im Bau.

Da aber Sophies Sohn zwei Monate nach ihrem Tod König von England wurde und Herrenhausen danach ohne ständige Benutzer war, blieb es als einziges Beispiel eines Barock-Gartens auf deutschem Boden fast unverändert erhalten. Den englischen Königen, die ihr

Stammland höchst selten besuchten, fehlte der Anreiz, den Garten ›auf der Höhe der Zeit zu halten‹, er wurde nur konservatorisch gepflegt. 1720 wurde an seinem Eingang ein Schild angebracht: ›Jedermann ist es erlaubt, sich im königlichen Garten eine Veränderung zu machen‹, das heißt, er war zur öffentlichen Benutzung freigegeben, wie es die königlichen Gärten in England seit fast hundert Jahren waren, allerdings nicht immer zur Freude ihrer Besitzer. Denn die Gärten dieser Zeit waren nicht als Orte gedacht, an denen sich im Sinn der Antike oder der italienischen Renaissance Männer zu geistvollen Gesprächen trafen. Es waren auch keine Gärten der Meditation, wie alle asiatischen Länder sie entwickelt haben. Es waren auch keine Erholungsstätten oder solche, in denen man sich im Sinn der italienischen ›jardini secreti‹ zu amourösen Abenteuern traf, es waren allgemeine Stätten der Demonstration der Macht der Herrscher im Zeitalter des Absolutismus. Doch trifft auf Herrenhausen in ganz besonderer Weise zu, was Wolfgang Baumgart 1978 in dem Buch *Park und Garten im 18. Jahrhundert* schreibt:

»Jeder Garten des Abendlandes, soweit er vom Geist der Antike erreicht wurde, ist seit Vergil ein wenig Arkadien, und, soweit der jüdisch-christliche Schöpfungs-Mythos drang, ein wenig Paradies. Die Wandlung des Gefühls- und des Fiktionsvermögens seit dreihundert Jahren haben uns verschleiert, daß hier eine Herausforderung des Illusionsbedürfnisses liegt. Das Barockzeitalter nahm diese Herausforderung an und reagierte creativ auf sie.«

Oder was Hirschfeld zweihundert Jahre zuvor in seiner *Theorie der Gartenkunst* zur Forderung erhob: »Bewege durch den Garten stark die Einbildungskraft und die Empfindung; stärker als eine blos natürlich schöne Gegend bewegen kann.«

Betrachtet man den Plan des Herrenhäuser Gartens in seinem ruhigen, geschlossenen Rechteck, aus dem nur das südlichste Rondell sich herausschiebt ›wie ein Vollmond aus den Wolken‹, das Ganze umschlungen von einem Kanal, wie Hollands Gärten von den Grachten, so mag man kaum glauben, daß er in Etappen entstand, immer wieder erweitert und üppiger ausgestattet wurde. Streng geometrisch liegt er vor uns, die Mittelachse strebt durch mehrere Rondelle gen Süden, die Hauptquerachse teilt ihn in zwei nahezu quadratische Hälften. Die begleitenden schlanken Längsachsen münden auf zwei antikisierende Tempel, von Sophie gebaut, die Philosophen zu ehren.

Leibniz, den Sophie an ihren Musenhof geholt hatte, sagte: »Geometrie ist die Metaphysik der Natur.« Diese Geometrie ist in dem Augenblick, in dem man das große sonnige Blumenparterre verläßt, um an den vier quadratischen Fischteichen vorbei zu den Bosquetten aus Hainbuche zu kommen, heute nur noch schwer faßbar. Die Hecken sind hoch geworden, und ein Überblick ist nicht mehr möglich. Das Gefühl ihrer Ordnung muß mit den Füßen erwandert werden. Doch in diesem Erwandern werden vielleicht auch alte magische Bezüge klar, der offene Platz, in dessen Zentrum der Kreis gezogen wird, der Kreuzweg, auf dem man um Mitternacht den Teufel trifft, und aus den Hecken tönt die Flöte des Pan.

Denn Musik war und ist immer in diesem Garten – Sophie und ihr Mann haben sie geliebt, sie haben beide selbst sehr schön die Laute gespielt. Das heute fast einmalige Heckentheater ist für Oper, Ballett und Instrumentalmusik gebaut. Händel war Hofkapellmeister und hat bei seiner *Wassermusik* und seiner *Feuerwerksmusik*, die er beide lange nach den glücklichen Herrenhäuser Tagen komponierte, vielleicht an diesen Ort gedacht. Vielleicht fielen ihm lächelnd alle die vielen vergeblichen Versuche der Sachverständigen ein, die Fontänen von Herrenhausen endlich in der von Kurfürstin Sophie gewünschten Höhe springen zu lassen. Aus allen Ländern Europas hat sie ›Bergräte‹, ›Regierungsbaumeister‹, ›Fontainizers‹, ›Bauräte‹ und ›Mechaniker‹ zu Rate gerufen, ohne daß es zu befriedigenden Ergebnissen kam. Als Kuriosität hat 1696 der Philosoph Leibniz ein Gutachten über die Verbesserung der Herrenhäuser Wasseranlagen erstellt (*Gedanken über die Herrenhäuser Werke*). Aber was im gebirgigen Italien mit hoch gelegenen Zisternen leicht zu lösen war, machte im flachen Land an der Leine ungeahnte Schwierigkeiten.

Doch Herrenhausen lebt durch seine Fontänen. An einem neblig-trüben Septembertag war ich bei ›schlafenden Wassern‹ durch den großen Garten gewandert und fast geneigt, Kritik und Bewunderung sich die Waage halten zu lassen. Doch als ich, gewärmt von einer guten Tasse Tee, nachmittags um drei noch einmal zurückkehrte, da hatte die Hand eines Zauberers (natürlich war es eine Zeitschaltuhr, aber der Gedanke an einen Zauberer gefiel mir besser) Sophies geliebte Fontänen zum Springen gebracht und damit den Garten völlig verwandelt. Nun hatte diese Stätte eine Bewunderin mehr, nun erst verstand ich Sophie in ihrem künstlerischen Wollen ganz. Diese sich ineinander schlingenden Gartenräume, die kaum die Jahreszeit bewegt, sind alle von so nobler Ruhe, daß sie auf einen temperamentvollen Menschen leicht etwas langweilig wirken können.

Erst wenn das eifrige, gischtige Agieren der Brunnen einsetzt, kommt es zu einem Gleichgewicht von Ruhe und Bewegung. Fast untrennbar von der Farbe des Himmels schoß nun die große Fontäne auf, spielte mit den Wolken über sich, schuf neue, schwebte über sie hinaus und versank in sich selbst. Im Viertel eines Augenblicks unendlicher Harmonie hatten Himmel und Erde sich berührt.

Es gibt zwei Denkmäler der großen Gartenschöpferin in Herrenhausen. Das Größere wurde ihr erst im vergangenen Jahrhundert gewidmet. In ihrer steinernen Robe, die übersät ist mit vollerblühten Rosen, sitzt sie sinnend, ein Buch in den schönen Händen und schaut mit einem fast männlich-kühlen Antlitz zur Kaskade, auf der zum Teil recht leichtfertige Figuren lockere Spiele miteinander treiben.

Im Stil seiner Zeit ist der Schloßpark von Herrenhausen mit einer Fülle mythologischer Figuren geschmückt.

Ein Standbild von ihr steht in der Nähe des Heckentheaters, gegenüber dem, das ihren Mann Ernst August darstellt. Der schaut seine hübsche Frau mit dem hochgetürmten Busen über der geschnürten Taille aber keineswegs an, sondern hebt wie beschwörend die Augen zum Himmel. Spötter waren immer der Meinung, daß seine Rechte keineswegs einen neuen Gesetzestext trägt, sondern überfällige Gärtnerrechnungen.

Das siebzehnte und achtzehnte Jahrhundert, das vieles noch gar nicht ahnte, mit dem wir uns heute das Leben angenehm machen, war ein Zeitalter sinnlichen Lebensgenusses – zumindest an den Höfen. Die heiteren Abbilder dieser Lebensfreude, die noch heute als vier Entführungsgruppen die Mitte des großen ›Luststückes‹ zieren, könnte heute kein Gartenarchitekt mehr aufstellen lassen, es sei denn, er scheute nicht das Risiko, als Sexist verschrien zu werden.

Was bei fast allen Figuren stört und bei der Göttin des Lichtes im Niederdeutschen Blumengarten am schlimmsten wirkt, ist die Übermalung der Steine. Es mag aus konservatorischen Gründen nützlich sein – ein Kleid von Seide ist es nicht. Ich empfand es als tröstlich, daß sogar das restaurierte Gold der sportiv wirkenden Damen und Herren des Heckentheaters allmählich wieder Patina ansetzt.

Die Gärten von Herrenhausen haben alle Gefährdungen der Zeiten glücklich überlebt, das Schloß wurde 1943 durch Bomben zerstört. Doch die Musik aus den Tagen von Sophie und Ernst August klingt fort. Soweit der Sommer kommt, beginnen die Aufführungen im Heckentheater, und erst die kühlen Herbstabende setzen ein Ende. Dreimal in der Woche wird der Park illuminiert, die große Fontäne, Sophies im Leben unerfüllter Wunschtraum, springt dann mehr als siebzig Meter hoch. Feuerwerk strahlt auf, und der nächtliche Park hallt wider von Lachen und Singen. Daß die Herrenhäuser Gärten so lebendig bleiben, daß sie nicht zu einem Museumsgarten erstarren, ist vor allem ein Verdienst der Gesellschaft der Freunde der Herrenhäuser Gärten, die nicht nur ideell, sondern auch finanziell Wesentliches zu seiner Lebendigkeit beitragen.

Manche Mitglieder der Gesellschaft empfinden wie Sophie: »Le jardin de Herrenhausen qu'est ma vie.« Der Garten war das Leben der Sophie, Herzogin zu Braunschweig-Lüneburg, Kurfürstin von Hannover und des Heiligen Römischen Reiches Deutscher Nation, und sie ist darin am 8. Juni des Jahres 1714 gestorben, vom Schlag getroffen. Ich denke, ihr wurde das größte Geschenk zuteil, das einem leidenschaftlichen Gärtner überhaupt gegeben werden kann: in seinem Garten nicht nur leben, sondern auch sterben zu dürfen.

Rosengärten in Paris

Eigentlich war ich ärgerlich auf die Redaktion. Diese plötzliche Reise nach Paris paßte so gar nicht in meine Zeitpläne. Schließlich gibt es auch in Deutschland schöne Rosengärten, dachte ich. In Baden-Baden, Zweibrücken, Dortmund. Doch die ungewöhnliche Stille in Paris am Sonntagmorgen der Ankunft, die klare Juniluft und auch das vorzügliche Frühstück im Hotel versöhnten mich. Ich erkundigte mich beim Portier nach dem Weg zu den berühmten Rosengärten. »Bagatelle ist sehr einfach, aber L'Hay-les-Roses, très compliqué. Besser Sie nehmen ein Taxi, wir rufen Ihnen, wenn Sie möchten, Jean Pierre, er ist geschickt, Sie werden mit ihm zufrieden sein.« Bald stand er draußen, ein fröhliches, übermütiges Milchgesicht. Ich hätte gar nicht vermutet, daß man so jung schon eine Taxi-Lizenz bekommt, versuchte ich ihm als Kompliment zu sagen. »Mais, Madame, isch bin ein Mann«, kam es gekränkt zurück. Der Portier hatte recht gehabt, so flink und sorglos hatte mich noch nie jemand kutschiert. Als ich ihn am Ziel ›Bagatelle‹ bezahlen wollte, sagte er kategorisch »Isch warten« und war durch nichts davon abzubringen. Er diskutierte am Kassenhäuschen, um mir dann mitzuteilen, daß Monsieur le Directeur mich persönlich führen möchte, er komme mir entgegen. Schon von weitem wußte ich: Das ist er, obwohl das Aussehen und die Eleganz des hochgewachsenen Mannes mich mehr an einen Frankfurter Banker als an einen Pariser Gartendirektor gemahnten, so beängstigend seriös kam er mir im Frühsommerlicht entgegen. Als wir einander erreichten, stand am Wegrand ein Pfau und schlug ein Rad. Im Hintergrund kämpften zwei Goldfasanen. »Bonjour, Madame, es wird ein Gewitter kommen, wir sollten gleich mit der Besichtigung beginnen.« Das Gewitter wollte ich ihm nicht glauben, klar und rein stand die Sonne am Himmel. Vermutlich hatte er noch ein anderes Rendezvous und wollte mich schnell wieder loswerden.

»Madame, Sie gehen hier über den Boden großer Geschichte. Sie wissen, wir in Frankreich sprechen immer dann von großer Geschichte, wenn viel passiert ist. Viel Revolution, viel Krieg, viel Amour. Der Herzog von Artois – ich weiß nicht, ob er einen Flirt hatte mit seiner Schwägerin Marie-Antoinette – jedenfalls, sie haben Spaß gehabt und gewettet, ob es dem Herzog gelänge, ein Schloß zu bauen in zwei Monaten. In vierundsechzig Tagen, tatsächlich, war dieses Bagatelle fertig, drei Tage mehr als zwei Monate. Planung, Baugenehmigung, Keller bis Dach, Fenster und Türen, Tapeten und Gardinen – können Sie es sich wirklich vorstellen? Vielleicht haben die geahnt, daß sie sich eilen müssen – bei dem heutigen Tempo – nein, heute unmöglich, die Guillotine wäre schneller gewesen.« »Der Garten?« »Nein, der Garten war nicht so, sicher nicht, alle sprechen nur vom Schlößchen. Später hat der Herzog den Schotten Thomas Blaikie geholt, der hat noch vor der Revolution einen berühmten Landschaftspark hier angelegt und gepflanzt. Doch in der großen Revolution und auch später, immer wieder waren hier Truppenlager. Soldaten und Revolutionäre brauchen viel Holz, denn sie lieben Lagerfeuer – schlechte Zeiten für Bäume.

Mais, Madame sind nicht gekommen wegen Geschichte, Madame sind gekommen wegen Rosen. Nun, der Rosengarten ist ganz neu, gerade achtzig Jahre alt. Zur Zeit von Marie-Antoinette gab es nur etwa dreißig Rosensorten in Frankreich, heute einige zehntausend. Hier sind siebenhundert Varietäten davon gepflanzt, aber es wechselt jedes Jahr. Sie wissen: in Paris liebt man gutes Essen, schöne Frauen und Rosen. Wir haben hier in Bagatelle ein vorzügliches Restaurant, vielleicht können wir heute abend dort zusammen essen – eine schöne Frau sind Madame – und hier sehen Sie: voilà, meine Rosen.« Monsieur le Directeur war richtig in Entfaltung, er gefiel mir viel besser, als ich zunächst vermutet hatte. Und dann schaute ich in den Rosengarten: »O la la, c'est très beau«, entfuhr es mir, das war wirklich mehr und schöner, als ich zu träumen gewagt hatte. Ein Rosengarten in einem ganz eigenen typisch französischen Stil. Mein Eindruck war: wer Bagatelle noch nicht gesehen hat, kann nicht sagen, daß er Paris kennt. Während ich staunend stand, kam ein junges Mädchen mit einer Botschaft zu Monsieur le Directeur. Er entschuldigte sich für einen Augenblick, er werde kurz am Telefon gebraucht. Mir war das recht, konnte ich mich allein doch besser auf die Details konzentrieren. Plötzlich wurden mir auch die Zusammenhänge klar. Ich hatte gelesen, daß 1905, als die Stadt Paris Bagatelle übernahm, das siebzig Jahre in englischem Besitz gewesen war, der damalige Chef des Gartenamtes Forestier ein enger Freund Monets und anderer impressionistischer Maler war. Der Stil der Zeit, die Liebe für Pastellfarben mit kräftigen Einsprengseln wurde im Rosarium in Natur umgesetzt. Aber es sind nicht nur die Farben, es sind auch die Formen der Zeit, besser: die ungewöhnlichen Formen, in der Rosen hier vorgeführt werden, die das Besondere ausmachen. Kletterrosen werden auf Lattensäulen zu schlanken hohen Türmen gebunden oder entlang schwingender Taue zu Rosenketten gezogen. Eibenpyramiden stehen einzeln auf kleinen Rasenflächen, umfaßt von solchen Rosenranken. Es sieht aus, wie eine Valse musette klingt. In der Höhe gestaffelt, stehen solche Rosenketten hintereinander, beschlossen von einer hohen Rosenpergola. Malerische Architektur aus Pflanzen. In Frankreich hatte man schon immer eine besondere Vorliebe für Hochstammrosen.

Mir liegen sie nicht so sehr am Herzen, denn die geraden starken Stiele der modernen Rosensorten geben ihnen selten eine gute Figur. In Bagatelle gibt es zwar auch diese, aber ich fand ebenso ein sehr breites Sortiment der Hochstammrosen, die an langen, elegant überhängenden Ranken am zweijährigen Holz blühen und von großer Anmut sind. Ihre zierliche Eleganz ist unwiderstehlich, auch wenn bei einzelnen Sorten wie ›Alberic Barbier‹, die 1900 gezüchtet wurde oder ›Aviateur Bleriot‹, die man seit 1910 kennt, die Baumkronen zwei Meter und mehr im Durchmesser erreichen. Welche Zeiten, in denen man Rosen den Namen eines berühmten Sportfliegers gab.

In Bagatelle und L'Hay-les-Roses erziehen die Gärtner Rosen in einer ganz eigenen architektonischen Form.

Bei dem Sinnieren über Rosennamen fiel mir Karl Heinz Hanisch ein, nach dem eine wunderschöne, duftende weiße Rose benannt ist, die in Frankreich unter der Sortenbezeichnung ›Bagatelle‹ verkauft wird. Sein neuestes Buch *Erlebte Rose*, das einfach eine Pflichtlektüre jedes Rosenfreundes sein sollte, da es so anders ist als alle übrigen Rosenbücher, die ich kenne, hatte mich auf ›Bagatelle‹ aufmerksam gemacht, und ich fühlte in diesem Augenblick große Dankbarkeit.

Es näherten sich Schritte. Eine schöne Männerhand legte eine letzte Fliederdolde auf den Schreibblock. Monsieur le Directeur war zurück. »Madame, Sie müssen einmal im Frühling kommen, wenn der Flieder blüht, die Tulpen und Vergißmeinnicht, dann ist der Park noch zarter, auf eine ganz andere Weise schön. Wir haben schon lange ein sehr großes Sortiment Flieder gepflanzt, alle sind mit Namen versehen, genau wie die Rosen. Nirgends in Deutschland sah ich so viele verschiedene Sorten Flieder.« Ich mußte ihm recht geben. Als wir das Rosarium verließen, sagte ich aus voller Überzeugung: »Monsieur le Directeur, dies ist der schönste Rosengarten, den ich bisher gesehen habe.« Lachend blieb er stehen und zeigte auf einen Gedenkstein, der an Jules Graveraux erinnert, der Bagatelle die Rosensorten seiner Sammlung gab: »Ma chère, Sie kennen seinen Garten noch nicht, warten Sie, bis Sie morgen L'Hay-les-Roses sehen. Sie werden staunen.«

Seine braungrünen Augen überraschten mich immer wieder. Wenn er lächelte, so waren sie weich wie Samt, doch wenn er lachte, und das tat er oft und gern, so blitzte darin so viel Lust an gefährlichen Spielen, daß ich rasch zur Seite schauen mußte. Ich bemerkte aber auch, daß er, wenn ihn Traurigkeit befiel, seinen Augen etwas Bedecktes gab, er ließ dann keinen anderen die Regungen seiner Seele schauen, höchstens, daß ein scheues Lächeln über seine Züge huschte. Doch was mich am meisten verblüffte und entzückte, war eine Eigenschaft, die ihm gewiß schon viel Spott und stille Verzweiflung eingetragen hatte: er konnte unter seinen grauen Haaren erröten wie ein junges Mädchen.

»Madame, Sie wissen sehr viel über Rosen und sehen selbst wie eine erblühte Blume aus.« Ich wußte, es war nichts als eine Artigkeit, und ärgerte mich, daß mir warm wurde, als komme sein Gewitter wirklich. Verlegen bückte ich mich und pflückte eine wilde Margarite vom Wegrand. In seine Augen kam wieder das Blitzen: »C'est tout, Sie sollten wissen, was diese Blume bei uns bedeutet: sie zeigt die Unentschlossenheit zur Liebe.«

Als wir an dem eleganten Restaurant vorübergingen, fiel mir auf, daß die Kellner die im Freien gedeckten Tische wieder abräumten. Aber das Ambiente des gesamten Parks, von dem das Rosarium nur ein kleiner, aber sein berühmtester Teil ist, faszinierte mich so, daß ich nicht zum Himmel schaute.

Im Großen blieb das Konzept des Landschaftsparks von Thomas Blaikie erhalten. Das letzte Truppenlager in Bagatelle liegt so weit zurück, daß die nachgepflanzten Bäume schon wieder zu Riesen wurden. Aber auch kleine Gartenräume wie der Clematis- oder der Iris-Garten sind von großem Reiz. Ich war tief begeistert. »Monsieur le Directeur, vous êtes sans pareil«, sagte ich und schämte mich sofort, als ich bemerkte, daß es mir Vergnügen bereitete, daß die Farbe seines Gesichtes um mehr als zwei Töne dunkelte.

Aber er war wirklich ›ohnegleichen‹ – er hatte das Gewitter vorausgesagt, an das ich keine Sekunde geglaubt hatte. Plötzlich und heftig brach es herein. Der Regen schoß vom Himmel, es gab kein Halten. Das Restaurant war noch mindestens fünfzig Meter entfernt, und ich hatte nur eine Sorge, daß meine Haare bis dahin total naß sein würden, und ich wußte nur zu genau, wie gräßlich ich dann aussehen würde. Im Laufen spürte ich auf einmal etwas Warmes, Trockenes um meine Schultern. ›Sanspareil‹, wie der Directeur längst in meinem Innern hieß, hatte sein silbergraues Jakkett ausgezogen und um mich gelegt. Es war angenehm und doch sehr fremd. Warum schlug mein Herz so heftig gegen seine Brieftasche?

Nachdem der Regen nachließ, brachte er mich zum Wagen. »Es wäre mir eine große Freude, wenn ich Sie morgen nach L'Hay-les-Roses begleiten dürfte«, sagte er, als wir uns dem Ausgang näherten. »Nach dem Gewitter wird das Wetter morgen gut bleiben. Es wäre richtig, wenn wir uns am späten Nachmittag dort träfen, damit wir nach dem Hauptstrom der Besucher ungestört sind und vielleicht, Madame, haben wir Glück, und die Nachtigallen geben eigens für Sie ein Konzert, ma chère. Aber darüber können wir noch beim Dîner sprechen.«

Als ich am nächsten Tag in der Roseraie L'HAY-LES-ROSES eintraf, stand er schon wartend vor dem Eingang. Bei der Begrüßung schaute ich an ihm vorbei in den Park und war sehr erleichtert, daß er lange nicht so schön wie der seine war. Doch dann die Roseraie! O Gott, er hatte recht gehabt, die war hier wirklich noch viel aufregender als in Bagatelle. Die Anlage ist in sich geschlossener als das Rosarium von Bagatelle. Der Garten bekommt dadurch etwas Entrücktes, Erdfernes. Er ist ein Luftschloß, mit dem ein Rosenenthusiast seine Träume verwirklichte. Undenkbar, zeitfern. Das Ganze ist so an der Grenze äußerst möglicher Schönheit, daß ich froh war, Sanspareil bei mir zu haben, ich hätte vielleicht gar nicht gewagt, darin umherzugehen, aus Angst, den Traum zu zerstören.

Der Architekt Edouard André hat es geschafft, den Garten geometrisch, aber nicht regelmäßig anzulegen. Trotz seiner rhythmischen Wiederholungen und der völligen Beschränkung auf die zwei Pflanzenarten Rosen und Buchs wirkt er nicht eine Minute langweilig. »Es gefällt Ihnen, ma chère? Wollen Sie etwas wissen über den Besitzer Jules Gravereaux? Nun, er war ein Kaufhauskönig, sagt man heute. Er konnte kein richtiger König werden, er hat sich hier das Schloß seiner grande illusion gebaut – ganz aus Rosen. Ich denke, so etwas wäre in Ihrem Land nicht möglich. C'est ça, es war vielleicht sein Ausgleich, er fand die Balance zwischen Phantasie und Nüchternheit durch seine Träume in Rosen. Und er sehr großzügig. Bagatelle konnte von ihm an Rosen haben, was es wollte. Er hat viel von der Welt gesehen, und immer brachte er Rosen mit. Es gelang ihm allein im Jahr 1900, dreitausend neue Arten und Sorten von Rosen nach Paris zu bringen.«

In meinem Herzen war ein kleiner Schmerz, natürlich hätte ich lieber gehabt, Sanspareil wäre der Direktor des schönsten Rosengartens der Welt, aber dieser war gestalterisch einfach noch origineller, eine echte Steigerung zu Bagatelle, und er war viel reicher an Sorten. Hier hatte sich das ganze Interesse auf Rosen konzentriert, der übrige Park ist eine bedeutungslose Grünanlage. Bagatelle dagegen ist eine Schönheit insgesamt, mit seinem Reichtum an Architektur, an Pflanzen und freilebenden Tieren, der reizvoll gemischten Gestaltung von Landschaftspark und geometrischen Partien.

In L'Hay-les-Roses bei Paris erfüllte sich gegen Ende des Fin de Siècle ein Kaufhauskönig seinen Traum von einem Schloß aus Rosen.

»Ma chère, ich möchte Ihnen noch die geheimen Neuheiten zeigen, und wenn wir noch eine Stunde bleiben, können Sie die Illumination bewundern.« Ich stellte mir diese Rosenorgie im Scheinwerferlicht vor und hatte das Gefühl: das ist zuviel. So blieben uns die Neuheiten. Sie waren nicht sehr attraktiv. Nur eine voll gerundete, tiefrot blühende, geheimnisvoll duftende, wohlproportionierte Pflanze schien mir entscheidend besser als ältere Züchtungen. Sie trug noch keinen Namen, nur eine Nummer. Ohne daß ich über meine Eindrücke sprach, zog Sanspareil eine kleine Schere aus der Westentasche und schnitt die vollkommenste Knospe gerade dieses Strauches für mich. »Sie wissen, ma chère, als Venus geboren wurde, bestand ihr Kleid nur aus Rosen, deshalb verehren wir in Paris diese Blume besonders.« Langsam, sehr langsam gingen wir dem Ausgang zu. Wir konnten nicht sprechen, war es, weil die Nachtigallen nun tatsächlich mit ihrem Gesang begonnen hatten? Er brachte mich nur bis zum Tor, nicht bis zum Wagen, neben dem er vermutlich genau wie ich den Fahrer bemerkt hatte. »Elles chantent: Au revoir, Madame. Auf Wiedersehen, ma chère.« Ich war für dreißig Meter allein, bis zum Ende des Wegs, wo Jean Pierre mir und meiner Rose den Wagenschlag öffnete.

Am nächsten Morgen, als ich mit meiner Rose in der Hand durch die Hotelhalle ging, um mein Plastikkärtchen an der Kasse vorzulegen, sah ich Jean Pierre schon vor der Tür stehen. Sein Gesicht schien mir an diesem Tag umwölkt. Hatte er am Abend zu lange im Bistro gesessen? Er übernahm mein Gepäck, verstaute es wortlos im Kofferraum. »Gare de l'Est«, wußte er, ich brauchte es nicht zu sagen. So blieb es eine einsilbige Fahrt. Er schloß am Bahnhof den Wagen ab und kam wie selbstverständlich mit zum Abteil, legte die Tasche mit großer Sorgfalt ins Gepäcknetz, und da noch Zeit blieb bis zum Abgang des Eurocity, begleitete ich ihn zur Tür. Etwas umständlich zog er aus der linken Jackentasche ein in silbergraues Papier gepacktes Päckchen. »Madame, dies soll ich Ihnen beim Abschied im Auftrag von Monsieur le Directeur geben. Während die Abfahrtsansage kam, reichte ich ihm die Hand. Er hielt sie einen kleinen Augenblick zu lang, beugte sich linkisch und verlegen darüber und drückte einen scheuen Kuß darauf.

Ich war froh, allein im Abteil zu sein. In meiner Linken brannte wie Feuer das Päckchen, auf das ich die Rose gelegt hatte, auf der Rechten brannte der zarte Kuß. So saß ich noch, als der Zug schon an dem Schild Vitry-le-François vorüberflog. Erst kurz vor Bar-le-Duc öffnete ich das silbergraue Papier. Es war ein Buch. Eine Liebesgeschichte. Die schöne alte Ausgabe des im 13. Jahrhundert geschriebenen *Roman de la Rose*.

Die Sonne hatte längst ihren Höhepunkt überschritten, als die Ansage kam: »Wir erreichen in Kürze Frankfurt am Main Hauptbahnhof.« Ich nahm die Tasche aus dem Gepäcknetz, und während ich zum Ausgang ging, löste sich langsam ein Blütenblatt nach dem anderen aus der Rose und fiel zu Boden. Plötzlich wußte ich wieder die Strophe des Gedichtes von Nikolaus Lenau, die ich die ganze Zeit in meiner Erinnerung gesucht hatte: »Nie soll weiter sich ins Land / Lieb' von Liebe wagen, / Als sich blühend in der Hand läßt die Rose tragen: / Oder als die Nachtigall / Halme bringt zum Neste, / Oder als ihr süßer Schall / Wandert mit dem Weste.« Würde ich ihm antworten, wenn er mir schriebe?

Die Insel Brissago im Lago Maggiore

Maria war eine wundervolle Erzählerin. Als ich sie Anfang der fünfziger Jahre zum ersten Mal traf, war sie schon fünfundsiebzig. Doch ihre kleinen, lebhaften Augen funkelten vor Begeisterung, wenn sie jemanden fand, der ihr zuhörte. Sie hatte eine außerordentliche Begabung: Sie erinnerte sich auch noch nach längerer Zeit genau, welche Geschichten sie wem und wie erzählt hatte. Wenn sie sprach, war es nicht nur ihr Mund, der mitteilte, die ganze zierliche Person mit der noch immer glatten, schönen braunrosigen Haut des Gesichtes, die in so seltsamem Gegensatz zu ihren verarbeiteten Händen stand, erzählte mit. Es war fast schöner noch, der Sprache ihres Körpers zu folgen, ihren Gesten, die oft nur aus einem fast unmerklichen Heben der Augenbrauen bestanden, als dem Klang ihrer angenehmen, immer etwas eiligen Altstimme zu lauschen. Am liebsten erzählte sie natürlich vor der lang vergangenen Zeit, als die Isole di Brissago noch Isole St. Léger hießen, sie selbst und ihre Herrschaft noch jung und verliebt war und die Welt frei und offen schien – und voller Pflanzen, die man in die gesegnete Südschweiz holen und hier großziehen konnte.

Sie war die Tochter jenes Arosio aus Pollanza, der 1885 die Stelle des Gärtners antrat, als der Baron Richard Flemyng Saint-Léger aus Kingstown in Irland die Isola Grande und die winzige Isolino vor Ronco im Lago Maggiore für seine schöne junge Frau Antoinetta kaufte. Ins Gedächtnis der damals Zehnjährigen hat sich der Baron als großer, kräftiger, gutmütiger, immer etwas zu lauter Mann eingeprägt, mit fuchsrotem Seehundbart und Haaren, die schon etwas schütter zu werden begannen, obwohl er, zwei Jahre jünger als seine schöne Frau, gerade erst achtundzwanzig Jahre alt war. »Der Herr Baron lachte so gern« – es ist einer der wenigen Sätze, die sich in ihren Erzählungen oft wiederholten. Als der Vater Arosio die neue Stelle antrat, mußte Maria die Schule wechseln. »Der Herr Baron hat sofort entschieden, daß ich auf seine Kosten das Lyzeum besuchen sollte, obwohl das für Mädchen damals eine große Seltenheit war«, sagte sie voll Stolz. Marias Mutter war ein Jahr zuvor plötzlich gestorben, und die neue Frau, die der Vater aus Ascona mit auf die Insel brachte, gefiel Maria genausowenig wie die Baronin. Ja, auf eine nicht erklärbare Weise schienen die beiden Frauen Ähnlichkeit miteinander zu haben. Seitdem sie zusammen mit den Saint-Légers und dem russischen Dienerpaar Nicol auf der Insel lebten, scheint bis zur zweiten Hochzeit des Vaters, drei Jahre später, in den Erinnerungen Marias kein Tag vergangen, an dem der Vater nicht die Schönheit, den Edelmut, die Eleganz und den feurigen Blick der Frau Baronin lobte. Sie schien ihm nur einem Engel vergleichbar. Aber wie paßte das zusammen, daß Maria in der Schule hörte, wie eine Lehrerin zur anderen sagte, die Baronin sei eine Hexe? Mit ihren kaum dreißig Jahren sei sie nun schon das dritte Mal verheiratet, der Baron sei so unmäßig verliebt, daß er wohl gar nicht merke, was er sich da für ein Früchtchen ins Bett geholt habe. Für Maria war das Ganze damals ein Rätsel.

Eine Hexe kannte sie nur aus dem Märchen Hänsel und Gretel, aber die hatte einen Buckel, hinkte am Stock und wohnte in einer winzigen Hütte. Später, sagte Maria, später habe sie oft an diesen Augenblick auf dem Schulhof gedacht, als die Baronin, alt, klein geworden und einsam, mit buckligem Rücken durch das Haus schlurfte, einen Colt in der Rocktasche und ein Vetterli-Gewehr in der linken Hand. Wollte sie etwas tun, so legte sie das Gewehr nicht etwa hin, sondern ihr Begleiter, meist war es der Diener Nicol oder Marias späterer Mann Roberto, mußte es halten. Aber so weit sind wir noch nicht. Dazwischen lagen Jahrzehnte, glanzvolle Feste, das neue Haus, Besucher mit berühmten Namen aus aller Welt – und vor allem Pflanzen, Pflanzen, Pflanzen. Sie kamen, wie die Besucher, aus allen Erdteilen auf die Insel, nur waren es viel mehr. Der Vater stöhnte oft über all die fremden Gewächse, und Maria war stolz, daß sie ihm mit ihren täglich sich mehrenden Kenntnissen der lateinischen Sprache wenigstens helfen konnte, die botanischen Namen richtig auszusprechen. Eigentlich hätte eine Heerschar von Gärtnern auf die Insel geholt werden müssen, fand der Vater (der sich natürlich als General dieses Heeres sah), aber der Baron meinte, es gehe auch mit weniger Leuten.

Der Vater verehrte die Herrschaften und ihre beiden kleinen Kinder. Es schien ihm ein Wunder, in einen Dienst gekommen zu sein, zu Menschen, die Pflanzen und Blumen ebenso liebten wie er, ja die in ihre Zweisamkeit die Pflanzen mit hineinbanden. Die schöne Frau Baronin lief immer mit botanischen Büchern durch Haus und Garten, der Herr Baron hörte ihren Vorträgen lächelnd zu, und dem Vater schien es, als machte er dann doch, was er wollte. Gleich am Anfang hatte er Marias Vater gesagt, nun sei Schluß mit Disteln und Dornen, mit Schlangen, Skorpionen und Kaninchen, er wolle hier ein Paradies schaffen, einen Garten Eden, einen Platz, an dem sich aus allen Erdteilen Pflanzen einfinden und in dieser gesegneten Gegend wachsen sollten. Dies sei die Insel seiner Frau, und wo seine Frau lebe, solle sich die Pflanzenwelt in möglichst vielen Erscheinungsformen treffen. Vielleicht ahnte er damals schon, daß für das Glück seiner Ehe die Pflanzenwelt ungefährlicher war als die Männerwelt?

Wer war diese Frau eigentlich, woher kam sie? Als Maria zum jungen Mädchen heranreifte, hörte sie überall Getuschel über die Baronin und ihre Herkunft. In der Halle hing mittlerweile ein wunderschönes Bild von ihr, das der Maler Daniele Ranzoni gemalt hatte, als er sich einige Monate als Gast der Saint-Légers auf der Insel aufhielt. Wenig später starb er, wahnsinnig geworden. Die Baronin konnte sich auf russisch ebenso gut unterhalten wie auf deutsch. Mit ihrem Mann sprach sie englisch, mit Ranzoni hatte sie italienisch gesprochen, und wenn Maria mit ihren französischen Hausaufgaben nicht weiterkam, war sie ihr eine flinke Lehrerin. Doch wie hatte erst Marias Vater gestaunt, als er sie mit den Arbeitern, die Lastkähne voll Mist und schwarzer Erde ausluden, mit schneller Zunge perfekt im Dialekt des Ticione schimpfen hörte.

Alle wußten, daß sie in Rußland geboren war. Einige sagten, sie sei die Tochter einer deutschen Tänzerin oder Schauspielerin und eines russischen Malers, aber wohl kein eheliches Kind. Wieso war sie dann im teuersten russischen Internat erzogen, im Smolny, der ausschließlich dem russischen Hochadel vorbehalten war? Warum sprachen einige Besucher, so auch der Maler Daniele Ranzoni, sie mit ›Prinzessin‹ an? Maria hatte es selbst gehört. Und was war mit jener silbernen Haarbürste mit dem eingravierten ›A‹ und der Zarenkrone? Meinte dieses ›A‹ Antoinette oder gar ›Alexander‹? Maria hatte diese Haarbürste selbst wieder und wieder vorsichtig in die Hand genommen, wenn sie dem Mädchen beim Putzen helfen durfte. Woher kam die Anziehungskraft dieser Frau auf außergewöhnliche Personen? Was zu ihr strömte, hatte Geld, Einfluß oder künstlerischen Erfolg. Und alle diese Starken, die in ihren Bann gerieten, versuchte sie zu übertrumpfen, zu beherrschen. ›Klein-Rasputin‹ wurde sie gelegentlich hinter vorgehaltener Hand flüsternd genannt. Doch all das Geschwätz tangierte das Paar anscheinend nicht. Es war mit seinem Garten beschäftigt. Die beiden hatten sich in den Kopf gesetzt, aus der Isola Grande eine geobotanische Weltlandschaft zu machen. Es ging ihnen nicht, wie vielen anderen Menschen dieser Zeit, nur darum, seltene, noch möglichst unbekannte Pflanzen um sich zu versammeln, sie wollten sie auch sinnvoll ordnen. ›Sinnvoll‹, so sagten sie Marias Vater, sei es, sich sowohl nach den Erdteilen wie nach den dortigen geologischen Verhältnissen zu richten. Die Baronin befragte Bücher um Bücher, um die Verhältnisse am Heimatstandort zu ergründen – doch um die höchst unterschiedlichen Bodenverhältnisse der kleinen Insel, die als harter Gneissockel zwischen zwei eiszeitlichen Strömen geblieben war, zu erkunden, richtete sie sich ein regelrechtes chemisches Labor ein.

Zuerst kamen aus Australien Eukalyptusbäume an. Ein irischer Schulfreund, der dort lebte, sandte sie dem Baron. Dann Palmen aus Afrika. Dann Schiffsladungen aus Ostasien. Dort gab es in Yokohama jetzt eine Gärtnerei unter deutscher Leitung, die die Flora Japans und zum Teil auch Chinas über die ganze Welt verteilte. Herr Unger lieferte sowohl Samen wie Blumenzwiebeln und Baumschulware an seine vielen Kunden. Großzügig wurden die ostasiatischen Pflanzen um das Haus verteilt. Die Flora des Mittelmeeres mußte sich mit wesentlich weniger Platz begnügen. An dem warmen südlichen Ende der Insel wurden der Süden der Vereinigten Staaten und Lateinamerika schon besser in ihrer räumlichen Ausdehnung bedacht, Glanzpunkte sind mittlerweile einige bemerkenswerte Sumpfzypressen. Diese Sumpfzypressen stehen im Wasser und bilden im Alter besondere Wurzeln, die aus dem See ragen, um Sauerstoff aufzunehmen. Im Abendlicht ein gespenstisches Bild, wie eine große Gnomenfamilie sitzen sie da, und der Vollmond wandert zwischen ihnen.

Frühling für Frühling, Herbst für Herbst trafen neue Pflanzen ein, fast unmerklich glitt ein Jahr in das andere. Maria war nun bald schon mit dem Lyzeum fertig und entschlossen, den Beruf ihres Vaters zu ergreifen, Gärtnerin zu werden. Schuld an diesem Entschluß war möglicherweise auch Roberto, der dunkeläugige Gehilfe des Vaters, der seit einigen Monaten, von Sizilien kommend, in Ronco wohnte und auf der Insel arbeitete. Wenn seine Augen die ihren suchten, so fand sie darin die gleichen Blitze, die sie als Kind bei dem Baron entdeckt hatte, wenn er seine Frau ansah.

Die Brissago-Inseln im Lago Maggiore, im milden Klima der Südseite der Schweizer Alpen, bieten Pflanzen aus aller Welt idealen Lebensraum.

In dem Augenblick, als sie darüber nachdachte, so erzählte sie mir mehr als ein halbes Jahrhundert später, wurde ihr klar, daß der Baron in letzter Zeit seine Frau auf eine andere Weise anschaute. Aber damals hat sie dieser Tatsache nicht sehr viele Gedanken geschenkt, auch nicht dem Umstand, daß sie beim Abstauben auf dem Frisiertisch der Baronin das Bild des gnädigen Herrn nicht mehr sah. Viel wichtiger war ihr jetzt, an Roberto zu denken, am Tag zu schauen, ob er nach ihr schaue, und in der Nacht den Nachtigallen zuzuhören, das Licht des Mondes durch die Kammer wandern zu sehen und an ihn zu denken, an Roberto. Der Vater war unendlich gut mit ihr, aber in einem streng und darin mit dem Baron einig: Sowie am Abend das letzte Boot mit Bediensteten von der Insel abgefahren war und keine Gäste mehr erwartet wurden, durfte ohne Anmeldung und Kontrolle der Person kein Kahn mehr landen. Doch was nutzen solche Verbote, wenn man jung ist und verliebt? Roberto war jung und ein guter Schwimmer dazu – was sind für einen solchen Mann die neunhundert Meter von Ronco zur Insel? Ein Nichts.

Maria konnte mir auch nach so vielen Jahren noch sehr glaubhaft schildern, wie entsetzlich es war, als sie spürte, daß sie ein Kind erwartete. Ihrer Stiefmutter wagte sie sich nicht anzuvertrauen. So fuhr sie nach Ronco zur Großmutter einer Freundin. Die nahm sie in den Arm und meinte ganz gelassen, das sei nun der Lauf der Welt. Sie sei zwar noch ein wenig jung, aber das Kind würde schon groß werden. Roberto sei ein fleißiger Junge, und sie sollten gefälligst so schnell wie möglich heiraten. Sie würde Marias Vater, der meist freitags nach Ronco käme, um einzukaufen, abpassen, um die Sache zwischen zwei erwachsenen Menschen durchzusprechen.

Auf der Insel sei schon immer viel passiert, das wüßten alle hier in der Landschaft. Von den Römern sei ein Opferstein für Aphrodite, die Liebesgöttin, dort geblieben, und der hielte die Insel wohl noch immer verzaubert. Man lache im Tessin heute noch über Geschichten aus der Renaissance, als ein Frauenkloster auf der Insel war und man die Windeln bis Ronco habe flattern sehen.

In dieser Zeit war es, daß Maria öfter als sonst in der Villa beim Reinemachen aushelfen mußte. Als sie im Schrank der Baronin etwas richten wollte, fand sie das auf dem Gesicht liegende Bild des Barons. Als sie es ansah, wurde ihr klar, wie sehr er sich in letzter Zeit verändert hatte. Seine laute, frohe Stimme war leise geworden, sein Lachen hörte man gar nicht mehr. Nicht, daß er krank aussah, aber er war so schmal geworden und blaß, sein frühes feuriges Haar war glanzlos und von weißen Strähnen durchzogen. Maria erschrak sehr über ihre Entdeckung und wollte mit niemand darüber sprechen, nicht einmal mit Roberto.

Ihre Tochter versuchte gerade die ersten vorsichtigen Schritte auf eigenen Füßen, da ging es eines Morgens wie ein Lauffeuer bei den Bediensteten der Villa Saint-Léger herum: Der Baron ist weg. In der vergangenen Nacht hatte er die Insel seiner großen Liebe verlassen. Die siebzig Millionen Goldfranken, die als sein Erbe einst von Kingstown auf die Bank von Ascona überwiesen worden waren, wo sind sie geblieben?

Die Baronin tobte. In dieser Zeit oder, besser, von dieser Zeit an konnte es ihr kaum noch jemand recht machen. Zwar gab sie prächtige Feste, zu denen eine Einladung sehr begehrt war, denn die großen Galadiners waren verbunden mit Konzerten, in denen die berühmtesten Künstler der Zeit auftraten, sie verdreifachte die Zahl der Diener und Köche, polierte unaufhörlich weiter am Garten, aber das Glück war mit Richard Flemyng Saint-Léger aus ihrem Leben geschwunden. Dieser hat das seine wohl auch nicht sehr fröhlich beendet, als Beamter am amerikanischen Konsulat verbrachte er den Rest seines Lebens in Neapel. Seine Frau überlebte ihn um siebenundzwanzig Jahre. Die Baronin, die immer von starken inneren Kräften zur Tätigkeit getrieben wurde, verfiel nach seiner Flucht in Rastlosigkeit, Reisen, Feste, Pläne für menschheitsverbessernde Unternehmungen jagten einander. Noch immer hatte ihre Anziehungskraft auf Männer nicht nachgelassen, die jedoch oft kurze Zeit nach der Begegnung mit ihr oder nach der Eheschließung eines plötzlichen, nicht voraussehbaren Todes starben. Rilke nannte sie eine »schlimme Blaubärtin«, aber er sehnte sich danach, in ihrem Haus leben zu dürfen.

Sechs Jahre nach der Flucht Saint-Légers erschütterte ein zweites Drama die Insel, die nun allgemein Isola Saint-Léger hieß. Ein Drama, in das Marias Familie mit verwickelt war und diese bis an die Grenze der Existenz erschütterte. Joan, die junge Baronesse, hatte ein besonderes Vertrauensverhältnis zu Marias Vater, dem alten Arosio. Seitdem sie laufen gelernt hatte, war das Kind dem Gärtner nachgetrippelt, hatte ihn mit Fragen überschüttet, und er hatte manche kindliche Träne getrocknet. Sicher war sie ihm so etwas wie ein Ersatz für die eigene Tochter, da Maria in dieser Zeit wegen der Schule selten auf der Insel lebte. Als Joan erwachsen wurde, klagte sie oft bei Vater Arosio über die Härte und Grausamkeit der Mutter, über deren unsinnige Temperamentausbrüche, unter denen die Bediensteten ja ebenso zu leiden hatten. Sie wollte nach Neapel zu ihrem Vater, doch die Baronin wußte es mit allen Mitteln zu verhindern und hielt die Tochter wie eine Gefangene. Da kam diese auf die Idee, sich wegen ihrer schwachen Gesundheit durch Sport kräftigen zu müssen. Bei Vater Arosio lernte sie rudern, und er erklärte ihr die Navigation des schweren Kahns über den See. In einer dunklen Winternacht, kurz nach Weihnachten des Jahres 1903, fuhr Joan ganz alleine ab und erreichte sicher ihr Ziel. Aber welche Schimpfkanonaden mußte der alte Arosio ertragen – Maria erzählt, die Frau Baronin sei so erregt gewesen, daß sie in Sprachen auf den armen Vater eingeschrien habe, die dieser nie zuvor gehört zu haben glaubte. Als er sich helfend der armen Joan annahm, hatte er damit gerechnet, möglicherweise seine Stellung zu verlieren – doch daß die Frau Baronin ihn nach so vielen Jahren der treuen und ergebenen Arbeit so grausam, so eiskalt davonjagte, das hätte er doch nicht vermutet. Überraschenderweise durfte Roberto, sein Schwiegersohn, bleiben. Doch Maria wohnte in den ersten Monaten nach dem Drama zusammen mit ihrer Tochter bei einer Freundin in Ronco und traute sich erst im Sommer, als viel Arbeit mit Blumen und Unkraut war, wieder auf die Insel zurück.

Maria kam gerade an dem Tag, an dem eine heimliche Hochzeit dort stattfand. Die Baronin heiratete – allerdings nur nach orthodoxem Ritus, denn sie war rechtlich ja noch mit Saint-Léger verheiratet, einen ihrer Stammgäste, den sehr vermögenden albanischen Aristokraten Perikles Tzikos, der verwitwet und alleinstehend war. Es gab viel Geschwätz im Tessin über diese Ehe, vor allem, als Perikles Tzikos knapp drei Jahre später starb und kurz nach der Beerdigung sein Grab von unbekannten Räubern aufgewühlt wurde. Doch eines wurde Maria in den folgenden Jahren immer klarer: Das Vermögen der Baronin war nicht unbeschränkt.

Sumpfzypressen mit skurrilen Luftwurzeln am Ufer der Hauptinsel von Brissago.

Immer öfter kamen Einschreibbriefe, die offenbar Rechnungen anmahnten. Die großen Feste wurden seltener, die Baronin immer einsamer und mißtrauischer gegen jeden, auch gegen den eigenen Sohn Jules. Belebt und gesteigert fühlte sie sich nur dann, wenn neue Ideen ihren Kopf bewegten. Planen, ausdenken, das war und wurde immer mehr ihr Lebenselixier. Der Garten war nun in ihren Augen vollendet, es galt, ihn konservatorisch zu pflegen. Das

konnte Roberto mit Marias Hilfe tun, ihr Tatendrang strebte neuen Dingen zu – und wenn es Prozesse waren, die sie führte. Oder ein Ölfeld in Bulgarien, wo sie Bohrtürme aufstellen ließ, allerdings auch ohne wirtschaftlichen Erfolg. Offenbar finanzierte sie auch die erste Straßenbahn von Belgrad, denn sie wurde vom jugoslawischen Königspaar zur Eröffnung eingeladen und fuhr den ersten Straßenbahnzug höchstselbst durch Belgrad. Maria erzählt, sie habe sich für diesen Zweck ein wunderschönes rosarotes Seidenkleid nähen lassen und auf dem Kopf einen riesigen Hut mit echten roten Rosen getragen. »Nur was wir mit den zwei Pflastersteinen machen sollten, die von der Belgrader Straße stammten, durch die die Bahn gelegt worden war und die ihr der König zum Abschied schenkte, das wußten wir nicht.«

Doch allen, sicher auch der Baronin, wurde in der Zeit nach dem Ersten Weltkrieg immer mehr klar, daß sie das Besitztum der Inseln (es gehörte ja auch die von den Saint-Légers nie genutzte kleine Isolino dazu) nicht würde halten können. Eine Erkenntnis, die ihre Bitterkeit gegen alle und jeden noch mehr steigerte. Statt der reichen Gäste kamen nun dunkel gekleidete Herren aus Locarno, von denen jeder wußte, daß es Gerichtsvollzieher waren. Oft mußten sie sich den Zugang zur Insel regelrecht erzwingen. Doch ganz anders war es eines Morgens, als ein schwerer Sturm tobte, erzählt Maria listig lächelnd. Da hätten zwei Fischer mit ihrem Boot Schutz vor den drei Meter hohen Wellen in der einen Bucht der Insel gesucht und seien an Land gegangen. Die Baronin, die es wohl vom Haus aus beobachtet hatte, kam trotz Unwetter mit ihrem Vetterli-Gewehr im Arm angerannt und schrie den beiden zu, sie sollten die Insel sofort verlassen. Als diese nicht gleich in ihr Boot stiegen, feuerte sie wütend in die Luft. Was tun? Da erinnerte sich der Jüngere an die Geschichten, die er über die Baronin gehört, und riß sich geschwind die Kleider vom Leibe und stand nackt wie Adam vor Eva. »Da ging«, so hat der Fischer später erzählt, »ein himmlisches Lächeln über ihr Gesicht, wie ich es nie zuvor und nie danach an einer Frau gesehen habe. Nach einiger Zeit wandte sie sich um und verschwand auf dem Weg zum Haus.«

Im November 1927 war es dann soweit. Sie verkaufte für 356 000 Schweizer Franken die beiden Inseln. Vom Erlös ließ ihr das Konkursgericht gerade 25 000 Franken. Sie mußte ihre Insel verlassen und zog in eine kleine Wohnung, später in ein Krankenzimmer, das der Staat bezahlte. Sie starb 1949, mehr als neunzig Jahre alt.

Der Käufer, den die Baronin aus tiefem Herzen haßte, war Max von Emden, Doktor der Chemie und Mineralogie aus Hamburg. Sein Vermögen hatte er als Besitzer einer Warenhauskette gemacht. Zunächst war noch ein bekannter Cellist als Mitkäufer aufgetreten (vielleicht, wie Maria meinte, um die Baronin geneigter für das Geschäft zu machen), doch hatte er sich wenige Tage später aus dem Kaufvertrag zurückgezogen, und Max von Emden war der alleinige Herr der Inseln. Am Karfreitag des Jahres 1928 ließ er alle Gebäude der Insel in die Luft sprengen. Maria sagte: »Sie können sich vielleicht denken, wie ich gezittert und geweint habe. Mein Roberto und ich haben uns aneinander festgehalten und umschlungen wie lange nicht mehr, und es war uns, als jage das Dynamit uns selbst in die Luft. Dabei wußten wir, daß wir beide bleiben konnten, unsere Anstellung nicht verlieren würden, aber glauben Sie, es war einfach schrecklich.«

Sofort nach dem Abräumen des Schuttes ließ von Emden mit dem Bau der neuen, luxuriösen Villa beginnen. Ein Berliner Architekt hat den Geist Schinkels bemüht und die Fassade neoklassizistisch gestaltet. War zur Zeit der Baronin in der alten Villa die Inneneinrichtung ein wildes Sammelsurium gewesen, eine fast wirre, zumindest verwirrende Anhäufung kostbarster Kunstwerke neben Souvenirs, so zog von Emden stilsichere Innenarchitekten zu Rate, die einem so großen Objekt auch gewachsen waren. Alles, was erlesen, kostbar, selten und alt war, fand den rechten Platz. Der inkrustierte Marmorfußboden in der Haupthalle wurde von den besten italienischen Steinarbeitern gelegt, die ihre Tradition bis in die Zeit des romanischen Kirchenbaues zurückführten. Für den Festsaal fand man in einer toskanischen Villa ein Parkett aus farbigen Edelhölzern, das sich wie ein arabischer Teppich unter den Füßen breitet. Stuckdecken, ornamentierte Tür- und Fensterbeschläge – nichts war zu teuer, nur das Allerfeinste war eben gut genug. Maria meinte: »Es wurde ein Herrensitz, von dem die Baronin Saint-Léger, hätte sie ihn je gesehen, gewiß gedacht, daß er eigentlich ihr gebühre.«

Den Garten hat Max von Emden, wie zuletzt auch schon die Baronin, konservatorisch pflegen lassen. »Die seltenen Pflanzen interessierten ihn nicht, nicht einmal ihre besondere Schönheit; für Herrn von Emden war der Garten eine Bühne für seine Auftritte als großer Mann.« Sein Motto, das er gleich, in eine Steintafel geschnitten, an der Hafeneinfahrt anbrachte, war: ›Auch Leben ist eine Kunst‹. Diese Kunst bestand in seinen Augen im Umgang mit dem Wundervollsten, das die Natur hervorgebracht hatte: den Frauen. Für sie, ganz allein für sie nahm er die einzigen Veränderungen im Park vor: Einige Buchten wurden zugeschüttet und zu Aussichtsterrassen geformt, einige Wege verbreitert, und vor allem wurde das Römische Bad gebaut. Es liegt am südlichsten Punkt der Insel, an drei Seiten von Bruchsteinmauern umschlossen, die sich hinter allerlei Ranken und Hecken verstecken. Zur Seeseite hin bleibt der Abschluß niedrig. Der von nirgends her einsehbare Gartenraum ist nur durch eine einzige schwere Eichentür zu betreten, die in einen schattigen Alkoven führt, vor dem das voll besonnte Marmorbad inmitten einer Wiese und bunter Blumenbeete liegt. Bronzestatuen weiblicher Akte schmücken es.

Maria kommentierte es so: »Der Unterschied zwischen Baron Saint-Léger und Max von Emden bestand unter anderem darin, daß der Herr Baron die schönsten Blumen aus aller Welt geholt hatte, sie seiner geliebten Frau zu Füßen zu legen, und daß Max von Emden es liebte, den schönen Frauen aus aller Welt seinen Blumengarten zu zeigen.«

In dieses Römische Bad kamen nicht nur die heiteren Mannequins der Kaufhauskette und andere junge, lebensfrohe Geschöpfe, es kamen hierher natürlich auch die berühmten Gäste des Hauses: der Schriftsteller Erich Maria Remarque ebenso wie der König von Siam und Aga Khan, das religiöse Oberhaupt der Ismailiten. Er war der Mann, dem kein Dinner zu lang und zu üppig war; denn jedes Jahr zum Staatsfeiertag wurde sein Körpergewicht in Gold aufgewogen, als ›Kirchensteuer‹ seiner Anhänger. Maria sagte: »Wenn Aga Khan erwartet wurde, war das Hauspersonal schon wochenlang zuvor in heller Aufregung, nicht nur der zu erwartenden hohen Trinkgelder wegen. Für ihn gab es meist ein sich über Tage hinziehendes Fest, für das nur das Ausgefallenste und Beste gut genug war. Er aß nicht nur gern und viel, er liebte die Blumen über alle Maßen. Ich mußte die Vasen oft zweimal am Tag frisch füllen. Hatte er Wünsche, gleich welcher Art, so sollten sie immer sofort erfüllt werden. Ich denke, alle waren froh, wenn er wieder abreiste.«

Fast alle Mahlzeiten wurden bei gutem Wetter auf der Terrasse oder im römischen Bad eingenommen. Obwohl dieses römische Bad wie ein ›jardin secret‹ so geheim und versteckt lag, wußte der Klatsch von Ascona doch bald zu erzählen, daß es das höchste Vergnügen Max von Emdens war, mit vollen Händen Goldmünzen in das Becken zu werfen und sich zu amüsieren, wenn die nackten Nymphen danach tauchten.

Die schweren Bruchsteinmauern, die den Badegarten umschließen, öffnen sich gegen Ascona und die Berge mit einem großen Rundbogenfenster. Es gibt Bilder aus der Zeit Max von Emdens, auf denen sich schlanke, blonde Frauen ganz ohne Feigenblatt in den schweren Steinrahmen lehnen und sich vor dem Hintergrund der Tessiner Landschaft zeigen.

Der Kaufhauskönig konnte seine Kunst des Lebens hier nur zwölf Jahre üben, etwa so lang, wie auch Richard Flemyng Saint-Léger hier lebte. 1940, acht Jahre vor der Zarentochter, verließ er diese Welt. Seine Erben verkauften 1949 die beiden Inseln für 600 000 Franken an den Kanton Tessin. An dem Erwerb beteiligten sich auch die umliegenden drei Gemeinden Ascona, Ronco und Brissago und die Schweizer Bünde für Heimat und Naturschutz. Der Vertrag verfügt unter anderem, daß auf den Inseln weder Spielsäle noch Strandbäder, Nachtlokale, Campingplätze betrieben werden dürfen. Der Garten ist als ›Parco botanico del Cantone Ticione‹ direkt dem Staat unterstellt und wird vom Botanischen Garten Zürich betreut. In den Augen mancher mag ein Teil des Reizes einer Insel verlorengehen, wenn alle Menschen sie gegen eine kleine Gebühr betrachten können und sie ihr verschwiegenes Geheimnis verloren zu haben scheint. Das ging mir durch den Kopf, als ich ihr nach vielen Jahren zum ersten Mal wieder an einem goldenen Oktobermorgen mit einem kleinen Ausflugsdampfer entgegentuckerte und staunend entdeckte, wie sehr sich die Insel, vom Wasser aus betrachtet, verändert hatte. Aber auch, als ich auf der Insel war, schienen mir plötzlich die Häuser am Ufer viel schöner. Nachdem ich das Schiffchen verlassen hatte, öffnete und schloß sich über mir vier bis fünf Meter hoher Bambus wie ein gotischer Dom. Er entließ mich auf eine besonnte Lichtung seitlich des Hauses, auf der pralle Tuffs wilder Alpenveilchen aus dem südlichen Italien aus dem Herbstlaub blühten. Die lange Südseite der Insel ist so warm, daß die Lagerstroemien, die hier wachsen, schon verblüht sind, während sich in Brissago die gleichen Bäume noch voll im Schmuck ihrer purpurroten Blüten plusterten.

Rund um das Haus sind, offenbar noch aus der Ära Max von Emdens stammend, ornamentale Gärten angelegt, mit dicken Palmen, Bananenstauden, Azaleen. Es ist genau so, wie man sich in Deutschland den Garten eines reichen Mannes am Lago Maggiore vorstellt. Alles mit versteckten Scheinwerfern illuminiert, mit kurz geschorenen Rasenflächen und weiß gekiesten Wegen. Trotz der vielen Besucher ist der Park sauber und gepflegt, die vielen tausend Pflanzen sind korrekt beschriftet.

Doch am schönsten ist die Insel da, wo der Besucher bei seiner Wanderung zu den urwelthaften Eukalyptusbäumen, den immergrünen Magnolien, den Feigen und vor allem den Palmen kommt, die vor hundert Jahren in der Zeit einer großen Liebe gepflanzt wurden.

Als ich durstig auf einen Tee den Rückweg zum Haus suchte, kam ich an einem sehr kleinen, sehr alten Gewächshaus vorbei. Daran hatte jemand einen Spruch geschrieben, und ich wußte sofort, daß ich ihn kannte. Er lag als schief abgerissenes Kalenderblatt in dem Buch, das mir Maria aus ihrem Bücherregal bei unserem Abschied gab, von dem wir beide wußten, daß er unsere letzte Begegnung beendete. Es war ein Satz von dem damals viel gelesenen indischen Schriftsteller Rabindranath Tagore: »Gott wird großer Königreiche überdrüssig, aber kleiner Blumen nie.«

Gärten in Florenz

*N*och lange vor der dritten Stunde nach Sonnenaufgang gelangten sie zu einem wunderschönen, reichen Palaste, der etwas über der Ebene auf einer kleinen Anhöhe gelegen war... Hierauf ließen sie sich einen Garten öffnen, der seitwärts vom Palaste lag und ganz mit einer Mauer umgeben war; sie traten hinein, und da das Ganze ihnen gleich auf den ersten Blick von wundersamer Schönheit zu sein schien, begannen sie die einzelnen Teile desselben auf das aufmerksamste zu betrachten.«

Boccaccios Erzählung stammt aus einer Zeit, da die Republik Florenz ihren Reichtum fast ausschließlich aus Bankgeschäften und Handel bezog, aber die Kraft hatte, mit diesem Reichtum eine Kultur zu prägen, das Zeitalter, das wir Renaissance nennen. Florenz brachte damals eine ungeheure Vielfalt an Entwicklungsformen hervor, in der Politik wie in Architektur, Malerei, Bildhauerei und Poesie: Das Spiegelbild all dieser Künste fand sich in den Gärten. Jede Anregung wurde aufgenommen und zu etwas Neuem gewandelt. Die unruhigen Intellektuellen hielten alles in Bewegung. So erklärt es sich, daß heute keiner der berühmten Renaissance-Gärten in seiner ursprünglichen Gestalt erhalten ist – noch in der Blütezeit von Florenz wandelten sie mehrfach ihr Gesicht.

Man schätzt, daß in den vergangenen vierhundert Jahren Planung und Bepflanzung der Gärten sich acht- bis zehnmal geändert haben. Und doch ist in einigen von ihnen noch eine längst vergangene Zeit spürbar. Als sei hier mit unsichtbarer Tinte geschrieben worden, die erst im rechten Lichte lesbar wird, zeigt sich bei genauer Betrachtung der Gärten plötzlich der Geist der Renaissance.

Allerdings waren fast nur die Gärten der Medici zu ihrer Zeit schon vollendet. All die vielen Villengärten rund um Florenz entwickelten sich aus den fast tausend kleinen Kastellen, die im elften und zwölften Jahrhundert die Hügel der Toskana zierten. Es waren stark befestigte Wehrbauernhöfe, die Schutz bieten sollten vor den Überfällen der Räuber und feindlicher Stämme. Die kleinen Pflanzflächen im Innern der Mauern boten künstlerischem Ehrgeiz wenig Raum, sie waren reine Nutzgärten. Aber die Florentiner führen auf diese kleinen umfriedeten Gartenräume ihre heute noch bestehende Vorliebe zurück, durch Hekken die Gärten in intime Räume zu teilen. Jacob Burckhardt nennt das Naturverständnis des Mittelalters einen naiven Genuß der äußeren Welt, lauter Vordergrund ohne Ferne. Doch für Petrarca wurde der beste Begleiter jeder geistigen Beschäftigung ein intensiver Naturgenuß. Botticelli und seine Zeitgenossen öffneten die strengen mittelalterlichen Tafelmalereien in die Tiefe des Hintergrundes und bereicherten sie durch die Darstellung der Landschaft.

Die Landschaft rund um Florenz ist so voll von natürlicher Schönheit, daß, als die Menschen ihren Blick dafür geschärft hatten, sie diese Landschaft nicht länger ausschließen wollten aus ihren Gärten. Boccaccio sagt von ihr: »... als wäre sie nicht von Natur, sondern von Künstlerhand angelegt.« Der Besitzer der VILLA GAMBEREIA, die von einem der schönsten Gärten von Florenz umschlossen wird, glaubt auch heute noch, daß »der eigentliche Garten außerhalb der Mauer liegt«.

So wurden über der toskanischen Ebene die Umfriedungen der Herrensitze auf einmal durchsichtig, so weit, daß den Betrachter, der aus einem dieser grünen Zimmer verträumt an sie herantritt, gelegentlich das Gefühl einer Levitation, eines glückseligen Schwebens, überkommt. Der Hintergrund, die Ferne wird Teil des Gartens, das Ganze Abbild einer geträumten Harmonie von innen und außen. Man ist in der eigenen, behüteten Welt und schaut zugleich in die geheimen Gärten des Landes.

Abgesehen von den Gärten der Medici sind fast alle alten, berühmten Villen in Privatbesitz und nicht ohne weiteres zu besuchen. Doch es gibt auch für gewöhnliche Touristen eine Möglichkeit, ihre Schönheit zu erfahren. Der Weg führt über Rundreisen durch die schönsten Gärten. So kommt man auch in die VILLA ARRIGHETTI, heute ein Nonnenkloster mit Damenstift. 1472 wurde das Haus erbaut, doch die größte Zeit erlebten Garten und Haus erst rund einhundertdreißig Jahre später, als Mattheo Arrighetti den Besitz kaufte und so revolutionäre Geister wie Galileo Galilei hier ständig ein- und ausgingen.

Im Garten treten überdeutlich all die Zutaten zutage, mit denen er im Laufe der Jahrhunderte von den verschiedenen Besitzern verbessert werden sollte. Er ist verwildert, aber auch unter dem Schutz der Nonnen, die ihn in einen rechten Märchenschlaf verfallen ließen, ist die alte Schönheit noch zu ahnen, glaubt man das Gewisper von Küssen längst vergangener Tage aus den Hecken zu hören. Obelisken flankieren die verwitterten Steintreppen, Iris wildern durch den Garten, und noch im späten Oktober blühen zwischen den Zypressen chinesische Rosen mit einer Fülle flattriger rosa Blüten. Von den umliegenden Hügeln grüßen Villa zu Villa, Garten zu Garten, Brunnen zu Brunnen. Kasimir Edschmid verglich diese Hügel mit Engelsflügeln, die silbern und rosa überhaucht, Florenz umschwingen.

Die VILLA TORRIGIANI liegt in der Ebene, am Rande der alten Stadt, zum Teil umschlossen von Mauern und Wällen, die zum Schutz des reichen Florenz zwischen 1280 und 1540 gebaut wurden. Cosimo Medici hat seine Signatur hinterlassen, und sich darin nicht nur als Herzog von Florenz, sondern auch von Siena bezeichnet, was er tatsächlich erst zehn Jahre später wurde.

Der ursprünglich kleine Garten aus dem

sechzehnten Jahrhundert wurde von 1818 an großzügig erweitert. Marches Torrigiani kaufte den ganzen Straßenzug gegenüber den Wallanlagen, ließ die Häuser niederlegen, erhielt aber die Fassaden zur Straße hin, ließ die restlichen Fenster zumauern und nutzte die sehr einheitliche, etwa sieben Meter hohe Front als Gartenmauer. Den Hauptplatz nimmt eine von Figuren umstandene Reitbahn ein. Bepflanzung, Pavillons und Tempel hat die Zeit der Roman-

Auf den Hügeln, die die Stadt umkränzen, liegen die berühmten Gärten von Florenz. Viele bieten Ausblicke auf die Landschaft.

tik beigesteuert. Es ist recht schwierig, in solcher Lage so riesige alte Gärten zu erhalten. Vor fünf Jahren beispielsweise wurde ein kleiner Pavillon mit einem Gußeisendach aus dem vorigen Jahrhundert bei einem Sturm zerstört; seit dieser Zeit wartet Torrigiani auf die Genehmigung des Amtes der Schönen Künste der Stadt Florenz, das Bauwerkchen wiederherstellen zu dürfen.

Doch der Garten, der mich von allen florentinischen Gärten am meisten faszinierte, ist LA PIETRA. Ein Garten wie ein Fest. Ihn zu beschreiben, müßte man einen bunten Stift nehmen. Das Verkehrsschild aus der Anfangszeit des Automobils sagt, daß die Brücke, die den Garten überspannt, nach Bologna führt. Von Firenze nach Bologna. Doch Bologna ist noch weit, und Florenz schickt manchmal seine Laute herauf in die ländliche Stille der Toskana. Oft schon, wenn ich einen besonders gelungenen Garten fand, ganz gleich in welcher Ecke der Welt, mußte ich staunend feststellen, daß in entscheidender Weise Engländer ihre Hände im Spiel gehabt hatten. Dieser schönste und, wie mir scheint, typischste aller italienischen Gärten, die ich kenne, wurde vor gut achtzig Jahren von Sir Arthur Acton und seinem polnischen Gärtner geschaffen. Der einzige Sohn, Harold Acton, ist heute Ehrenbürger des sozialistisch regierten Florenz.

Seit Jahrhunderten ist Italien und besonders die Toskana das bevorzugte Reiseziel des europäischen Adels. Die Gartenarchitekten hatten schon im sechzehnten Jahrhundert begonnen, den Stil des italienischen Renaissancegartens, ein wenig abgewandelt für den jeweiligen Auftraggeber, in den verschiedensten Ländern Europas nachzubauen. In La Pietra gab ein Inseleuropäer den längst fälligen Dank an Italien zurück.

Was verleiht diesem Garten das Einmalige, das wahrhaft Besondere? Es ist der Zusammenklang von vielem, wobei jedes einzelne davon durch seine Qualität besticht. Zu meiner Überraschung gibt es italienische Gartenschriftsteller, die ihn gerade nur einer Erwähnung wert finden: »Von Engländern im Stil eines italienischen Gartens angelegt.« Tatsächlich hat Sir Arthur Acton mit wissenden und liebenden Augen die Gärten der toskanischen Renaissance betrachtet, und er hat seine Lehren daraus gezogen. Ähnlich hatten die Gartenarchitekten fünfhundert Jahre zuvor alle Briefe und alle Bücher Platos, Vergils und Plinius', die sich auf Gärten bezogen, studiert. Mir scheint, als habe Sir Acton in gleichem Maße den Geist begriffen, der die Renaissancegärten durchwehte, wie die Baumeister der Medici den der antiken Welt erfaßten. Wovon Arthur Acton sich nicht getragen fühlen konnte, war jene faszinierende Aufbruchsstimmung aller Künste, eines ganzen Volkes, die die Menschen der Renaissance erfüllte. Ihm mußte seine humanistische Bildung genügen. Daß der Garten dennoch kein langweiliger Abklatsch wurde, ist um so höher zu bewerten.

In La Pietra schaut immer wieder die Landschaft in den Garten, und aus dem Garten schaut man in die Landschaft. Die Hügel der Toskana und die schimmernden Kuppeln von Florenz sind Teile der Gartenbilder. ›To borrow the landscape‹, nennt man das in England. Der Architekturkritiker der Renaissance, Alberti, forderte, daß eine Villa mit ihren Gärten eine Stadt oder eine Ebene überragen solle. Der Horizont solle von vertrauten Bergen begrenzt sein, im Vordergrund wünschte er sich liebliche Gärten. Genau dies trifft auf La Pietra zu.

Nach der Vergeistigung des Mittelalters empfand sich die Renaissance als Fest der Sinne. Ihr ganzer Lebensstil, besonders aber die Kunst, waren durchdrungen von der Suche nach Vollkommenheit. Für die Gärten bedeutete das wohlabgewogene Proportionen zur Freude der Augen, murmelnde und gischtig sprühende Wasser für kühle Frische und zur Lust der Ohren, Sonnen- und Schattenpartien für das angenehmste Körpergefühl. Zur Ergötzung der Nase pflanzte man die Einfassungen der Beete aus duftenden Kräutern, die ihre ätherischen Öle an die Luft abgaben, wenn die Roben der Damen sie streiften.

All dies kann der Betrachter in La Pietra wiederfinden. Bei der Auffahrt durch die Zypressenallee zur Höhe des Hauses wird mir bewußt, daß dieser schattige Reiseweg sowohl Bilder der italienischen Landschaft wie der Antike wachruft. Plato und Aristoteles lehrten ihre Schüler beim Hin- und Herschreiten durch die Alleen die Philosophie Griechenlands. Das Sichbewegen im eigenen umfriedeten Gartenraum war für Plinius ebenso wichtig wie für die Menschen der Renaissance mit ihrem wiedererwachten Körpergefühl. Plinius beschreibt in seinem Tagesplan, daß er mindestens dreimal am Tag einen langen Spaziergang im Garten macht. In La Pietra, wie in fast allen toskanischen Gärten, böte ihm die große Allee die ideale Möglichkeit dazu.

Schon in dem Augenblick, da ich vor der Haustür aus dem Wagen steige, erkenne ich, daß ich mich in einem ganz besonderen Garten befinde. Kubisch sind die Hecken geschnitten, die den Vorplatz rahmen, in raffinierter Abstufung der Höhen und Breiten schieben sie sich voreinander, überragt von zwei riesigen Pinienschirmen. Haus, Hecken, Pinien und Platz sind aufeinander abgestimmt, als hätte das Ganze ein Bildhauer geschaffen. Es scheint mir undenkbar, daß dieser Garten einmal noch schöner war als an diesem leuchtenden Oktobertag, da alles erfüllt ist von dem Duft der Reife, die schon dazu übergeht, neue Erde zu werden. Langsam, in der Sonne glitzernd, segeln ein paar Fäden des Altweibersommers vorüber.

Die klassischen italienischen Gärten wurden von Architekten erdacht, nicht von pflanzenliebenden Gärtnern. Eigentlich sind es Häuser ohne Dächer mit vielen grünen Zimmern. Sie zu durchwandern, kann langweilig sein, aber auch so reizvoll wie in La Pietra. Ich biege um die Hausecke und stehe vor einem steinernen Jüngling, der sich in einer Laube birgt. Er ist mit nichts bekleidet als mit dem Schatten einer letzten Rose. Und es fällt mir ein, daß ganz in der Nähe der GARTEN PALMIERI ist, in dem Boccaccio das *Dekameron* schrieb. Leise höre ich plötzlich aus jener Richtung eine Stimme, es ist Panfilo, der am vierten Tag erzählt: »... da sie aber sah, daß er es durchaus wollte, empfing sie ihn in der Nacht in ihrem Garten, damit er nichts anderes argwöhne. Und nachdem sie viele weiße und rote Rosen, deren Zeit eben war, gepflückt hatten, ging sie mit ihm zu einem schönen klaren Springquell, der im Garten war.« Während ich noch der Stimme nachlausche und über die Fortsetzung des Textes sinne, gehe ich über Stufen, zwischen denen sich bunte Teppiche aus Kieselsteinen breiten, zum zentralen Gartenbrunnen. Ich bin ganz eingehüllt in den unendlich süßen Duft von Osmanthus und Jasmin, und mir ist, als sei dieser Duft ein Gruß der Freunde im fernen China.

Die Renaissance war eine Zeit, in der die Musik eine große und wunderbare Entwicklung nahm, obwohl der Begriff der Harmonie erst sehr viel später entstand. Während ich den Garten betrachte, spüre ich, daß Arthur Acton mit den acht Tönen der klassischen Tonleiter zu spielen vermochte: den Steinen, den Pflanzen, dem Himmel und dem Wasser, den Wegen und den Statuen, der Farbe und dem Duft. Zu immer neuen Sequenzen setzt er sie in seinem Garten zusammen, läßt sie ausschwingen und holt sie zurück. Manchmal gerät es ihm zum Menuett, wie im Heckentheater, manchmal zu einem Scherzo, in dem ein togagewandeter Gott die Violine spielt wie weiland Johann Strauß.

Dieser Garten besteht aus einem ständigen Sichöffnen und sich wieder verbergenden Schließen. Gleich Kadenzen steigen die Zypressen in den Himmel. Breit ausgespielt, lagern sich die Pinien über das Plätschern der Brunnen. Es ist eine höchst subtile Abstufung aller Gartenelemente. Jeder Gartenraum ist gerade so groß, daß man sich in ihm wohlfühlt, und seine Heckenwände sind so hoch, daß man sie als angenehme Kulisse empfindet und nie erdrückt wird. Alles ist genau durchdacht und von raffinierter Eleganz.

Oft zeigen die klassischen, geometrischen Gärten Mängel. Sie entstanden auf dem Reißbrett. Aus der Perspektive des Zeichners wirken Formen und Linien ganz anders als übertragen auf ausgedehnte horizontale Flächen und aus dem Blickwinkel des Gartenbesuchers. All diese kunstvollen Broderien sind in der Vertikale für menschliche Augen viel besser erfaßbar. Eigentlich müßte man solche Gärten vom Hubschrauber aus ansehen. Außerdem sind diese riesigen, letztlich fast platten Freiflächen weder im vollen Sonnenschein, noch bei Wind und Regen angenehm zu durchwandern. Aber werden Gärten nicht in erster Linie dazu geschaffen, daß Menschen sich darin wohlfühlen? Und kann dieses Wohlgefühl aufkommen, wenn die Hecken seitlich der Wege so hoch aufwachsen, daß man sich wie in einem Gefängnis vorkommt? All dies ist in La Pietra nicht der Fall. Weder sind die Gartenräume zu groß (so daß auch die bepflanzten Beete in überschaubaren Grenzen bleiben), noch haben die Hecken ihr menschliches Maß verloren.

Daß es trotz der Beschränkung der Pflanzenwelt auf Eiben, Buchs, Zypressen, Pinien, Steineichen und Pomeranzen (wobei ein paar Ausreißer mit Persimonen, Rosen, Osmanthus und Lagerstroemien den Reiz noch steigern) nie langweilig wird, dafür sorgt der Reigen der Statuen, der sich in die übrigen Dimensionen gut einpaßt. Meist sind die Figuren dem heiteren griechischen Götterhimmel entsprungen und erzählen dem kundigen Betrachter ihre Geschichten kaum weniger amüsant als einst Fiammetta und ihre sechs Freunde.

In den großen ›Gartentheatern‹ halten Statuen Zwiesprache mit den glühenden Rosen.

Aber zu einem Garten, geboren aus dem Geist der Renaissance, gehören natürlich auch schwer entschlüsselbare Dinge. Wenn man in die Nähe des südwestlichen Altans kommt, findet man einen fast sieben Meter hohen Portikus, der sich, gerahmt von Zeus und Orpheus, über einen strahlenden, bocksfüßigen Pan wölbt. Sein Giebel trägt die Aufschrift: ›magis dilecto‹, was man wohl mit ›Dem immer mehr Verehrten‹ übersetzen kann. Hat sich der Erbauer von kriegerischer und poetischer Tätigkeit abgekehrt, um sich mehr und mehr dem ländlichen Leben zuzuwenden? Oder ist die Erklärung viel simpler, und der maßvolle Portikus stammt von einem aufgelassenen Friedhof? Eines ist klar: Der Blick auf die Kuppel von Florenz und den Arno im Glanz der Herbstsonne ist von hier besonders schön.

In diesen mehr beschatteten Partien des Gartens genieße ich wieder den Reiz der verschiedenen Grüntöne im Spiel des Lichtes. Als ich mich von dem köstlichen Ausblick losreiße, erschrecke ich fast vor der Größe eines Herkules, der mich, in einiger Entfernung, aus einem Heckenbogen heraus drohend anschaut. Das gehört für mich auch zu den Wundern von La Pietra: daß dieser Garten so viele unterschiedliche Bilder in sich birgt. Nie ist ein Standort nur in einer Richtung interessant. Die geringste Änderung der Blickrichtung läßt wie bei einer Laterna magica ein neues Bild auftauchen.

Durch eine von Glyzinien bewachsene Steinarkade kommt man zum Heckentheater. Es wird von Spielleuten, Zauberern und Musikanten in der Tracht des Rokoko bewacht. Seine Hecken sind immergrün, wie fast der ganze Garten ein Garten ohne Jahreszeit ist. So ist es für mich Mitteleuropäerin ein rechtes Glück, den Weg hoch zum Küchengarten ganz mit goldgelbem Laub bedeckt zu finden, in das raschelnde Kastanien und ihre stacheligen Fruchthüllen fallen. Der Klang des dürren Laubes unter meinen Füßen wird übertönt vom Gesang der Vögel. In der Ferne hackt jemand Brennholz für den Winter.

Der Küchengarten, der sich hinter hohen Mauern und schweren eisernen Toren verbirgt, ist wie ein Bild aus meiner Kindzeit. Dahlien und Cosmeen, Tagetes und Rosen blühen auf buchsbaumumrandeten Beeten. Dazwischen reifen Möhren und Kohlrabi, Bohnen und Kräuter heran, Fenchel und Tomaten. Längst sind die Pfirsiche geerntet, und die Orangerie macht sich bereit, für den Winter die vielen Pomeranzen, Zitronen und Orangenbäume aufzunehmen, die überall die Terrassen zieren.

Eigentlich ist es nun Zeit zu gehen, die liebenswürdige Begleiterin nicht länger im Wagen warten zu lassen. Aber ich kann mich nicht trennen. Der Abschied fällt mir schwer. So gehe ich noch einmal zurück zum Brunnen, wo ich glaubte, die Stimme Panfilos zu hören. Aber nichts mehr davon. Statt dessen entdecke ich auf dem Brunnenrand einen riesigen steinernen Frosch, der mir zuvor entgangen war. Noch lange danach quält mich die Frage: Hätte ich ihn küssen sollen?

Die Quinta de Fronteira

Sechs Stunden in der Quinta de Fronteira: Ich verließ den Garten mit dem Gefühl, ein großartiges Stück Welttheater gesehen zu haben. Diese sechs Stunden hatten mich hinabgezogen in längst vergangene Epochen, wie aus einem Traum tauchte ich immer wieder auf, übersprang spielend einige Jahrhunderte, kam ganz nah an die Jetztzeit, um dann wieder tief in dem Rausch aus Grün und Blau, durchzogen vom Duft feuchter Erde und verblühender Rosen, zu versinken. Das Lachen, woher kam es – die schwermütige Musik von Flöten und Zimbeln –, das konnte, das durfte kein Kassettenrecorder sein. In einer der versteckten Höhlen oder Nischen mußten die Musikanten sitzen – waren sie mit dem Boot über das Wasser der Zisterne gefahren, vorbei an den schwarzen Schwänen, hinein in die offene Wand, die neun dunkle Rachen weit aufsperrt? Waren dies die Tore, die zum Styx führen, der die Unterwelt in neun Armen durchfließt? Sollten die Klänge die Reise verschönen? Das Blau und das Grün die Augen trösten? Wie in einem langen Schlaf versuchte ich immer wieder, die Realität zu fassen, und wußte zugleich, in diesem Garten ist man so weit von ihr entfernt, daß es nicht gelingen kann.

Das Taxi hatte mich am Vormittag hierher gebracht, an den nördlichen Stadtrand von Lissabon, den die Hochhäuser noch nicht ganz erreicht haben, wo vom Seewind gebürsteter Pinienwald noch wie eine grüne Daunendecke über den Hügeln liegt. Das einstige Jagdschloß der Herzöge von Fronteira dient der Familie seit 1755 als Wohnung, nachdem das Stadtschloß vom großen Erdbeben zerstört worden ist. Und die Quinta ist einer der wenigen Plätze Lissabons, die unbeschädigt die Katastrophe überstanden, ein rares Zeugnis der Baukunst aus Portugals größter Zeit.

Einlaß begehrend stand ich vor dem hohen Eisengitter, das den quadratischen Ehrenhof des terrakottafarbenen kleinen Palastes von der Außenwelt trennt. In den vergangenen vierzig Jahren habe ich einige charmante Männer verschreckt, weil ich so lang gewachsen bin – aber dieser Klingelzug hier hing zu hoch. Zu einem solchen Tor kommen eben keine einzelnen weiblichen Wesen zu Fuß – hier sitzt man stolz zu Pferde oder hat Diener auf dem Kutschbock. So blieb mir nur der bescheidene, gebückt zu betretende Personaleingang um die Ecke. Durch lange schmale Gänge (wie kann man hier große Tabletts voller Speisen hindurchtragen?) erreichte ich einen Salon und versank in einem tiefen Sessel auf einem rosa Rokokoteppich. Die großen Fenster gaben einen ersten Blick frei auf eine blau gekachelte Terrasse und das warme Grün des Gartens. Die Azulejos, blau-weiß gemalte Wandplatten, sind sein Leitmotiv. Sein Reiz besteht für mich darin, daß er keiner Stilrichtung zuzuordnen ist, es sei denn, man bezeichnet ihn als portugiesisch. Als er im sechzehnten Jahrhundert begonnen wurde, war das Reich der Könige von Portugal groß und mächtig, seine Bürger welterfahren. Die diesen Garten erdachten und bauten, kannten Indien wohl ebenso wie das südliche China, die Götter Griechenlands und die Pyramiden Ägyptens. Und sie waren durch italienische und römische Gärten gewandert.

Die Mauren haben in Fronteira Spuren hinterlassen wie auch englische Kavaliere, deren stolze Reiterbilder die Zisterne schmücken. Brasiliens Pflanzenüppigkeit umkränzt den verschwiegenen Venusgarten, und in jedem Blickwinkel spürt man Geschichte und Geschichten. Der Garten ist ganz anders als alle Gärten, die ich vor ihm sah, er ist keine Kopie von diesem oder jenem, aber man empfindet die Einflüsse, die von außen in das Land am Atlantik drängten und aus denen in einer seltsamen Mischung aus Prachtliebe, Naivität und Lebenslust etwas Neues entstand: ein typisch portugiesischer Garten. Er war zu seiner Entstehungszeit ein ebenso getreues Spiegelbild der Situation des Landes, wie er es jetzt der heutigen ist. Ein einziger alter Gärtner steht zu seiner Pflege noch zur Verfügung; daß der Mensch so wenig eingreift, daß die Natur sich überall ihr Recht wieder erobert und mit Flechten und Kräutern die Steine überwächst, macht einen Teil des jetzigen Reizes aus. Über die Schultern der Königsbüsten aus weißem Carraramarmor hängen die Pflanzen ihre grünen Krönungsmäntel langsam, aber mit großer Zielstrebigkeit.

Aber durchfliegen wir nicht wie Geister den Garten, durchwandern wir ihn. Der beste Zugang wurde mir von der Marquesa de Fronteira gewiesen: aus dem Salon herauszutreten auf die quadratischen Pflaster der breiten Terrasse, von ihrer mit Efeu umwachsenen Balustrade hinunterzusehen in den Venusgarten, sich zurückzuwenden und die Götter Griechenlands zu grüßen, die in Marmor erstarrt aus den Nischen schauen. Über ihnen elf Musen, von keramischen Fruchtgirlanden umkränzt. Blaue Azulejo-Bilder mit allegorischen Darstellungen teilen die Götterwelt, geben jedem Standbild seinen Raum.

Und Töpfe über Töpfe stehen umher, mit Schnittlauch bepflanzt oder mit duftendem Basilikum, mit Azaleen oder Kakteen. Es ist ein sehr privates, ein sehr köstliches Durcheinander. Längst haben die Töpfe von Gartentischen und Bänken Besitz ergriffen, für Menschen kein Ort mehr des Verweilens. Die alte Dienerin, vielleicht einst Spielgefährtin der Marquesa, führt mich zum Ende der langgestreckten Terrasse, vorbei an der Kapelle, die die Jahreszahl 1584 trägt. Sie mahnt mich, auf der Treppe, die in den Garten führt, achtsam zu sein. Weil sie sehr glatt ist? Oder weil die Kachelbilder so ungeniert göttliche Liebeslüste schildern?

Im Garten empfängt mich eine dichte subtropische Flora aus Bananen, Palmen, immergrünen Magnolien und blauem Agapanthus. Die bemoosten Wege sind von Buchshecken umwachsen. Efeu klettert die Stämme hoch. Eine Gußeisenbank blieb aus dem achtzehnten Jahrhundert. Ich wende mich nach rechts und komme an einem kleinen Barockteich mit Brunnen vorbei zu einer rätselvollen Grotte, den Quellnymphen geweiht. Zwei blau gekachelte Bänke umrunden den Teich und münden am muschelbelegten Bogentor der Höhle. Zunächst empfinde ich nur Dunkelheit und feuchte Kühle, nachdem ich den fensterlosen Raum betreten habe, doch bald spüre ich mich von einem Geheimnis berührt, und ich beginne, etwas von dem zu begreifen, das diesen Garten gestaltete. Zwar führte mich mein Weg an der christlichen Kapelle vorbei, doch plötzlich weiß ich: Dies ist ein pantheistischer Ort.

Ein Garten in Blau und Grün liegt vor den Türen von Lissabon. Die Vorbilder für die blau-weiß bemalten Kacheln brachten einst portugiesische Seefahrer aus China mit.

Er ist, vor allem in dieser Grotte und in dem Venusgarten, der zwischen Palast und Berghöhe eingebettet liegt, eine Huldigung an die Natur und ihre Kräfte. All das, was die christliche Kirche jahrhundertelang als heidnisches Denken verteufelt hat, dessen Symbole und Zeichen sie versuchte zu zerstören oder in eigene Signaturen zu wandeln, das bricht hier unverhüllt und mit Macht hervor. An dieser Empfindung kann auch die Dekoration der Grotte nichts ändern: Blau-weiß gemaltes China-Porzellan ist, in kleine Stücke zerschlagen, in den Putz eingelegt und gibt Wänden und Decke durch die unterschiedliche Brechung des Lichtes, das matt durch die Eingangstür fällt, eine seltsame Struktur. Ich fand in der Geschichte des Hauses mehrere Versionen über dies zerbrochene Geschirr – eindeutig ist nur, daß es mit dem Gastmahl eines Königs zusammenhängt. Wurde es am Ende aus Übermut zerschlagen? Oder damit kein anderer nach dem König mehr davon speise?

Im Zentrum dieses Gartenteils steht der Venusbrunnen, drei Delphine tragen eine Muschel, aus der die Göttin sich weiß schimmernd erhebt. In ihrer Nähe sah ich auf einmal auch die Frau und ihren Begleiter, deren Lachen zu mir gedrungen war. Aber was war das für ein mysteriöses Paar? War sie ein Dornröschen der zwanziger Jahre, soeben von ihrem sehr modernen Prinzen, der aussah wie ein Banker der Wallstreet, wachgeküßt? Ihr Gesicht kalkweiß gepudert, die kurzen lackschwarzen Ponyhaare an den Kopf geklebt, schwarz leuchteten auch die großen Mandelaugen aus der dunklen Ummalung, das weiße Seidenkleid floß fast bis zu den Knöcheln, die handschuhweichen weißen Stöckelschuhe waren nicht für die feuchten Wege eines herbstlichen Gartens geschaffen. Nur ein langes silberfarbiges Wollchassuble (mit rosa Wolken eingestrickt) konnte sie etwas wärmen. Wie ein Spuk verschwanden beide um die Hausecke.

Ich brauchte einen Moment, bis ich mich von der Begegnung lösen und mit meinen Gedanken in den Park zurückkehren konnte und Venus immer noch in ihrem Brunnen fand. Sternförmig strömen die Wege von hier weg. Folgt man dem Sonnenschein, so kommt man über eine bemooste Treppe in den ›italienisch‹ genannten, etwa viertausend Quadratmeter großen Gartenteil. Streng geometrisch sind die Buchshecken getrimmt. Es ist ein einhei-

scher, extrem langsam wachsender Buchs, das Teppichmuster füllt nach Jahrhunderten fast die Fläche. Blumen haben es schwer darin. Doch das intensive Blau der Azulejos, die jede freie Fläche der Mauern füllen, läßt sie kaum vermissen. Terrakottarot mit weißen Fenstern schließt der Palast die Nordseite dieses Gartenteiles ab, während im Westen das Schaustück der ganzen Anlage ist: die große Zisterne, deren Vorbilder gewiß in Indien zu suchen sind.

Heldengeschichten, Amouren schöner Frauen und derb-ländliche Szenen werden in den Kachelbildern erzählt.

Sie wird abgeschlossen von einer zweigeschossigen blauen Galerie, von zwei pyramidengekrönten Ecktürmen geschmückt, zu denen noble Treppenanlagen hinaufführen. Hier, im ersten Geschoß, leuchten die Kacheln einheitlich in klarem Blau, hervorgehoben in bossierten metallisch-kupfrigen Kacheln sind nur die Nischen mit den fünfzehn Königsbüsten. Ohne diese Zisterne mit den Galerien der Kavaliere und der Könige könnte dieser Garten auf den ersten Blick den geometrischen Architektur-Gärten dieser Zeit zugerechnet werden. Doch schaut man genauer hin, so finden sich noch andere, unzählbar viele Köstlichkeiten. Plötzlich tauchen naiv gemalte Azulejos auf, die noch mehr erzählen können als die höchst verfeinerten Bilder. Ein neuer Gelbton mischt sich unter die bisher blaue Malerei. Da verprügeln kräftige Bauersfrauen zudringliche Kentauren. Der König der Tiere herrscht sehr menschlich über sein Reich, und Fabeln werden munter ausgesponnen. Die Atmosphäre dieses Gartenteils ist sonnig und heiter, das geheimnisvolle Dunkel blieb im Venusgarten zurück. Nur in kleinen, seitlich in den Buchs geschnittenen Nischen, die auf winzige Kachelbänkchen zuführen, sind Schatten und Verschwiegenheit zu finden. Einst waren sie kuschelige Lauben für zärtliche Paare, nun sind sie so zugewachsen, daß nur Zwerge noch in ihnen Platz haben und über die frech gemalten Azulejos kichern können.

Doch das Wunder war die Begegnung mit einer Wisteria sinensis, jener zähen und stark wachsenden Kletterpflanze, die bei uns meist unter dem Namen Glycinie bekannt ist. Ich liebe die Romantik ihrer blauen oder weißen Blütentrauben. Solch ein riesiges Exemplar war mir noch nie begegnet. Es ist vielleicht die älteste Wisteria Europas, denn der schwer über einen Sitzplatz sich lagernde Stamm hat fast siebzig Zentimeter Durchmesser. Spielend beschattet sie die vierzig Quadratmeter große Fläche um den gewaltigen fünf Meter langen Steintisch. Es ist ein Altan mit Aussicht über die abfallenden Hügel. Einst ging der Blick gewiß weit ins Land, jetzt wird er durch andrängende Hochhäuser in einiger Entfernung aufgehalten. Unmittelbar unter mir liegt der Wirtschaftsgarten, aus dem die Wisteria an einer Stützmauer heraufwächst. Offenbar ist es auch hier billiger, das Gemüse zu kaufen, als es für den viel kleiner gewordenen Haushalt selbst zu ziehen. Die mächtigen Fruchtbäume, Pfirsiche, Aprikosen, Äpfel und Birnen, stehen im Unkraut, aber sie sehen gesund aus, auch ihr Alter scheint ihnen nichts anzuhaben; die vielen Früchte, die sie in ihrem langen Leben getragen und verschenkt haben, sie haben sie nicht ärmer gemacht.

Von diesem Altan aus, geschützt unter der Glycinie sitzend, hat man auch den besten Überblick über Ausdehnung und Format des Grundstückes. Es wird von einer hohen terrakottafarbenen Mauer umschlossen, deren Putz und Anstrich nicht so regelmäßig erneuert wurde wie am Haus. So entstanden wundervolle Strukturen und Farbvariationen bis hin zu reinem Pink. Altes Efeu hängt seine dunkelgrünen Polster schwer darüber. Vom Altan aus sieht man auch ein wenig in den Garten auf der anderen Straßenseite, der, nach einem blitzblank geputzten Schild am Eingang, zum Ministerio da Justicia gehört. Er ist mindestens ein Jahrhundert jünger als der Garten der Fronteiras, seine Schöpfer hatten offenbar an Gartenkunst weniger Interesse als an seltenen Gehölzen. Eine Fülle subtropischer Bäume, aus allen Teilen der Welt von portugiesischen Schiffen zum Hafen nach Lissabon gebracht, grüßt über seine Mauern. Gelb und orange leuchten vollreife Zitrusfrüchte herüber.

Hier findet mich die Dienerin wieder und bringt mich zurück ins Haus zur Marquesa de Fronteira, die seit vierundzwanzig Jahren Mrs. Georges heißt. Ihr einziger Sohn war noch sehr klein, als sein Vater, der Marques, bei einem übermütigen Autorennen verunglückte. Die junge Witwe blieb viele Jahre allein, bis sie in zweiter Ehe einen englischen Architekten heiratete. In allen Ecken des Hauses spürt man seinen kultivierten Sachverstand, sein behutsames, bewahrendes Erneuern der Bausubstanz.

Mrs. Georges, die aber überall noch ›die Marquesa‹ geblieben ist, wartet Patiencen legend auf mich in einem Saal, der mir im ersten Moment das Gefühl gibt, in einem großen Versteigerungshaus, kurz vor Beginn einer Auktion zu sein. Jedes Stück für sich eine Köstlichkeit und langer Betrachtung wert. Der hundert, vielleicht auch zweihundert Quadratmeter große Raum ist sicher sechs Meter hoch. Der Garten greift bis in diesen Saal: fast auf die volle Höhe der Stirnwände sind Rosenlauben gemalt. In der Laube gegenüber dem Eingang hängt überlebensgroß das Bild der jungen schönen Marquesa. Glänzendes schwarzes langes Seidengewand, schwarze Reiherfedern im schwarzen Haar, zwei Ketten ebenmäßig runder Perlen um den Hals, ein in jeder Beziehung großes Gesellschaftsporträt. Von Angesicht zu Angesicht, nur durch die Dimension von Raum und Zeit getrennt, klein, im grauen Twinset die heutige Mrs. Georges bei der Patience. Sie hält inne im Gespräch, deutlich nervös, als sie merkt, daß sie mit einer ungeschickten Bewegung die Karten durcheinandergebracht hat. Sie fährt erst in ihrer Erzählung fort, als die Ordnung wiederhergestellt ist.

Viele Fotos stehen in silbernen Rahmen umher, große, kleinere, auch winzige. Das stehende, überlebensgroße Porträt ist der Marquesa vorbehalten: eines Königsthrones würdig, in anderen Zeiten wäre sie zumindest eine Madame Pompadour geworden. Jemand schrieb einmal über Portugal und seine Menschen: »Sehnsucht als Schicksal.«

Die Gärten von Sintra

Ein winziger Platz ist Sintra, auf der Weltkarte kleiner als die Spitze einer Stecknadel. Und doch wurde hier das Weltreich Portugal erträumt, von hier aus flossen die Ströme, die es schufen und regierten. Und hier fielen die Entscheidungen, mit denen es sich selbst zerstörte. Kaum dreißig Kilometer sind es nach Lissabon. Seit jenem ersten König von Portugal, Alfonso Henriques, der 1139 die Trennung von Spanien erreichte und acht Jahre später die Mauren zur Aufgabe ihrer portugiesischen Besitzungen zwang, haben fast alle Herrscher des Landes viele Monate im Jahr in dieser kühlen Sommerresidenz verbracht. Das Klima ist hier ganz anders als sonst auf der Iberischen Halbinsel. In Höhenlagen von zweihundertvierzig bis fast sechshundert Meter zieht sich das Städtchen hinauf. Wie Adlernester sitzen die Burg der Mauren, das Schloß Pena und viele Adelssitze und Klöster in den Bergen. Will man Sintra im Winter, wenn Lissabon angenehmes Sommerwetter bietet, seinen Freunden zeigen, kann es passieren, daß man es vor lauter Nebel und Nieselregen nicht findet. Im Sommer aber macht ein frischer Nordostwind die Hitze erträglich und nimmt der Luft die Feuchte, so daß man sich als Gärtnerin fragt, wie das die subtropische Pflanzenwelt hier eigentlich schafft.

So sehr jeder Pflasterstein gesättigt ist mit Geschichte, so gern erzählt man sich Geschichten in Sintra. Man erzählt sie sich und schreibt sie auf und ist nicht besorgt, ob sie auch immer stimmen. *Velharias de Sintra*, Antiquitäten, alte Geschichten von Sintra, heißt solch ein schmaler Band – nun, Antiquitäten sind auch nicht immer echt. Da wird zum Beispiel erzählt von der Quinta do Relogio. Der Fahrer übersetzt mir die Geschichte, und staunend höre ich, daß hier der Graf von Monte Christo wohnte. Ja, gab es den denn wirklich? Aber natürlich, kommt mit Überzeugung die Antwort. Sein Haus ist ein strenger, im maurischen Stil geformter Bau, in einem ausgedehnten Hanggarten gelegen. Ein kleiner See wird von einer plätschernden Quelle gespeist. Kamelien wachsen als dichtes Unterholz, Baumfarne und Palmen versetzen mich nach Brasilien. An diesem Garten sei, erzählt die alte Geschichte, König Don Pedro V. vorbeigeritten. Es war ein besonders heißer Sommertag, und der Freund, der ihn begleitete, schlug vor, sich an der murmelnden Quelle zu erfrischen. »Du irrst«, sagte der König, »das ist kein Wasser, das du rauschen hörst, es ist das Blut der Sklaven, der Verschleppten, der Entrechteten. Das Haus eines Sklavenhändlers betrete ich nicht.« Gegenüber auf der anderen Seite der schmalen Straße liegt versteckt hinter hohen Mauern die Quinta da Regaleira. Begonnen in Portugals bester Zeit, im fünfzehnten Jahrhundert, hat man ständig an den Gebäuden und am Garten umgebaut. Zeitweise war diese Quinta Herrensitz, zeitweise Kloster, aber immer Treffpunkt derer, die teilhaben wollten an der Macht über die Welt. In dem Garten der Quinta da Regaleira haben die Mönche eine Kirche hinterlassen, andere, mindestens ebenso starke magisch-zauberische Elemente überdauerten. Mitten hinein in einen Granitfelsen führen ganz unvermittelt Stufen in eine dunkle, ungewisse Tiefe. In der kühlen, feuchten Schwärze, in der die Orientierung schwerfällt, in der man

Die Sommerresidenz portugiesischer Könige, Sintra, ist von zahlreichen Adelssitzen umgeben. Für Lord Byron war es ein »glorious Eden«, ein Ort der »schwarzen Messen«.

glaubt, abwärts steigend bis ins Erdinnere zu gelangen und zagend nur weitergehen mag, macht die Treppe plötzlich eine scharfe Biegung nach links und entläßt den Besucher auf einen kleinen runden Platz von goldstrahlender Sonnenhelle. Las ich die Beschreibung eines solchen Weges nicht schon einmal in der *Chymischen Hochzeit Christiani Rosencreutz anno 1459?*

Ich verlasse den kleinen besonnten Punkt und tauche ein in Wege, umwachsen in den vielfältigsten Schattierungen von Grün. Hat es mich hier in eine ›grüne Hölle‹ verschlagen? Ach nein, gewiß nicht, denn überall bewachen Götter und Nymphen die Wege der Menschen vor den bösen Dämonen. Plötzlich ist es ganz deutlich: Die letzten, entscheidenden Veränderungen an Haus und Garten hat ein Bühnenarchitekt der Lissaboner Oper gemacht. Aber es ist für mich kein Garten der Entspannung, sondern der Anspannung. Ich spüre ganz fremde Kräfte um mich. In den Granitgrotten, in denen es leise und beständig tropft, scheinen Drachen zu schlafen, »bereit zum Frühlingsbeginn«, wie man in China sagt.

Lord Byron beschrieb Sintra als ein »glorious Eden«, und man erzählt sich, er habe mit seinen Freunden hier ›Schwarze Pflanzenmessen‹ gefeiert. Das *Handbuch des Aberglaubens* beschreibt sie als Saturnalien, in denen man nackt mit geschwärzten Körpern und Gesichtern durch die Wälder tanzte. Nun, für solche Feste scheint Sintra wahrhaft der rechte Platz.

Leider sind viele der Gärten nicht öffentlich. Es bedarf einiger Beziehungen und guten Zuredens, bis man sie betreten darf, möglichst, wenn die Besitzer nicht zu Hause sind oder die Quinta gerade zum Verkauf steht. Mir scheint es zum Schluß meiner Erkundigungen fast so, als sei es leichter, eine alte Quinta in Sintra zu kaufen als in einen schönen privaten Garten eingelassen zu werden. Es gibt Ausnahmen: Montserrate ist seit Jahren für das Publi-

kum als ›botanischer Garten‹ geöffnet, ebenso sind ohne jede Schwierigkeit die herrlich gelegenen Terrassen von Seteais zu besuchen, das ein Hotel und ein vorzügliches Restaurant beherbergt. Hotel und Restaurant sind bemerkenswerter als der Garten, der zum Teil als Heckengarten in französischem Stil angelegt ist, passend zu dem Schlößchen des frühen achtzehnten Jahrhunderts.

So schön und würdevoll Seteais gebaut ist, so gräßlich zeigt sich das Haus im Mogul-Stil von Montserrate. Ein Tadsch Mahal baut sich nicht so leicht, es kann auch zur amerikani-

schen Hochzeitstorte geraten. Aber der Garten! Da muß man erst einmal tief Luft holen und ganz langsam gehen. Hier ist der Punkt, an dem die weißhaarigen amerikanischen Damen mit den rosa und hellblauen Strohhütchen ›marvellous‹ und ›how wonderful‹ rufen, und man muß ihnen sogar recht geben. Dieser Garten ist nicht nur ein Gegenbild zu dem strengen Seteais, er ist es zu fast allen europäischen Gärten. Er ist wild, wuchernd und scheinbar völlig ungezähmt in seiner Wuchskraft. Aber wenn man ihn genauer betrachtet, muß man dem Schöpfer des Gartens ebenso viel Hochachtung schenken wie der Pflanzenwelt, die er hier in Sintra ansiedelte, wie auch der »kreativen Gartenpflege«, wie Professor Richard Hand das nennt, eines der am schwersten zu erlernenden Dinge, die es gibt, die man in Montserrate aber meisterhaft beherrscht.

Brunnen und Teiche spenden Kühle.
Die Vergangenheit Portugals ist in den
Gärten gegenwärtig.

Pfeilschlank streben aus dem Talgrund fast acht Meter hohe Baumfarne zum Himmel, vor gewaltigen, im Oktober golden verglühenden Tulpenbäumen. Agaven sind in ihrer Blattmasse drei Meter breit und zwei Meter hoch – daraus erhebt sich erst der Blütenstand. Betäubend duften Gruppen zartrosa blühender Amaryllis belladonna vor Hecken von blauen Agapanthus. Fast nachtblaue Salvien stehen an der Südseite vor Lagerstroemia indica, die mit hellvioletten Blütendolden so überschüttet sind wie alte Fliederbüsche im deutschen Mai. Ficus benghalensis, der heilige Baum Indiens, durchwächst mit langen Stelzwurzeln eine künstliche Ruine und beschattet sie mit der Krone seiner Blätter. Cicas revoluta, einer der erdgeschichtlich ganz frühen Bäume, erhöht das Gefühl des Besuchers, in einer vormenschlichen Welt zu sein.

Trotz aller tropischen und subtropischen Flora bleiben die Leitpflanzen der Landschaft und auch dieses Gartens die Korkeichen. Weit spannen sie ihre Äste aus, dicht besiedelt von Moosen und Farnen. Solche Üppigkeit der Vegetation war mir nur in den Tropen begegnet. Daß der Garten trotzdem nicht zur Wildnis geraten ist, daß aus all den verschiedenen Grüntönen mit den wenigen eingesprengten Farben sich immer wieder neue Bilder formen, kann gar nicht genug bewundert werden. Eine große Hilfe bei der Anlage war dem Gartenschöpfer die Lage des Grundstückes, das steil nach Nordosten abfällt, gegliedert durch Täler und Höhen. Manchmal ist der Talgrund optisch durch einen See vertieft, ein Sattel durch hohe Bäume nochmals angehoben. Steil auf- und absteigend durchwandert man den Garten von Montserrate, ohne jedoch jemals in die Sohle eines Tales oder auf den Scheitel des Sattels geführt zu werden. Die entscheidenden Punkte geben sich nur als Bild preis.

Früh kommt im Herbst die Dämmerung in die engen Schluchten. Wo eben noch die Sonne im Widerschein das farbige Laub aufleuchten ließ, fallen kurz darauf schon lange Schatten. Laut schlagen die Flügel eines riesigen Vogels, der vor mir auffliegt. Von weitem kommt der Nachtschrei eines Tieres, und ich warte förmlich auf das Gekreisch von Affen. Auf dem Weg vor mir ein Schlangennest – ach nein, es sind nur abgefallene Zweige einer Araukarie, aus denen ein Frosch plumpsend ins Wasser springt. Plötzlich ist die Welt so fremd, und ich habe es schwer, mich zu besinnen, wo ich bin. Zehn Kilometer vor dem westlichsten Punkt Europas oder schon jenseits des Atlantiks im Urwald des Amazonas?

Ich gehe schnell bergan dem Ausgang zu. In der Nähe des Zuckerbäckerhauses wird der Garten formal, vielleicht ist dieser Teil älter als das Haus. Berankte Arkaden, Treppenläufe, Brunnen, Kachelwände. Da höre ich auch wieder menschliche Stimmen. Es ist die Hochzeitsgesellschaft, die ich zuvor schon auf der großen Wiese beim Picknick beobachtet hatte. Gemeinsam wandern wir dem Ausgang zu. Doch, o Schreck, er ist verschlossen. Die Öffnungszeit längst vorüber. Der Wächter fort. Was tun? Müssen wir uns alle hier ein gemeinsames Nachtlager richten? Zwei Burschen erkunden eine Stelle, an der die Mauer von innen so niedrig ist, daß man sie, nachdem ein Baumstamm und ein paar alte Äste herbeigeschafft sind, ersteigen kann. Doch die Straße liegt ein gutes Stück tiefer. Eine nach der anderen werden Mutter, Schwiegermutter, Tanten, alle so richtig schöne Matronen, wie man sie bei uns gar nicht mehr kennt, hinübergehoben. Dann bin ich dran. Kaum habe ich die Mauerkrone erklommen, umfassen zwei große Hände meine Taille, und ganz leicht, als sei ich eine Feder, ein Garnichts, werde ich zur Erde gelupft. Seitdem weiß ich, wie es ist, wenn einer aus dem Geschlecht der Konquistadoren eine Frau auf den Arm nimmt.

Ein Garten auf Madeira: Quinta do Palheiro

Nach eineinhalb Stunden Flugzeit ab Lissabon tauchen aus dem blauen, grün durchzogenen Atlantik die ersten kleinen Vulkaninseln auf. Auf den Nachbarsitzen nestelt das portugiesische Ehepaar am Handgepäck, holt zwei Rosenkränze heraus und beginnt zu beten. Zerklüftet liegt wenig später unter uns Madeira. Die Boeing setzt zur Landung an, die Räder berühren den Boden, noch vom heftigen Bremsen nach vorn gerissen, brechen die glücklichen Passagiere in donnernden Applaus aus, als habe gerade Menuhin ein Konzert beendet. Der tüchtige Pilot hat soeben mit größter Präzision das Flugzeug auf der kürzesten Landebahn der Welt aufgesetzt.

Unsere Maschine ist die einzige am Flughafen, doch wir warten siebzig Minuten, bis das Gepäck ausgeladen ist. Einstimmung in südliche Mentalität, zwangsweise. So bleibt Zeit, dem Reiseführer einige Daten zu entnehmen. 1418 wurde die Insel zum ersten Mal von Portugiesen gesichtet, doch erst ein Jahr später betreten. Infant Henrique der Seefahrer sandte seine Caravellen aus, neue Handelswege entlang der afrikanischen Westküste zu erkunden, nachdem das Mittelmeer durch sarazenische Seeräuber zu unsicher geworden war. Die ganz von Wald bedeckte Insel enthielt reichlich Süßwasser, viele Buchten und einige helle Sandstreifen, man nannte sie Waldinsel: Madeira. Von diesem Urwald blieben nur wenige Quadratkilometer im Norden der Insel von den Menschen verschont, der größte Teil fiel der Brandrodung, Terrassierung und Holznutzung zum Opfer. Doch das Abenteuer des Besuches lohnt. Nur noch hier trifft man große Lauraceenwälder. Es ist eine Fahrt wie auf der Achterbahn. Das Gebiet wird von Nebeln durchzogen. Die Wälder liegen in einsamer Höhe, schroff steigen die Berge an, nach einer Wegbiegung weitet sich das Tal zu einem Kessel, kurz reißt der Nebel auf und gibt den Blick auf einen Wasserfall frei, der aus zwölfhundert Metern herabstürzt. Sah ich ähnliche Szenen nicht schon oft auf chinesischen Rollbildern?

Doch solche Bäume sah ich nie zuvor. Der Leitbaum ist Lorbeer, Laurus azorica, dazu gewaltige Myrten, drei Meter hohe Erica arborea, einige mir fremde Formen des Ilex und überall riesige Heidelbeersträucher, Atlantische Zedern, bis dreißig Meter hoch. Vor der Eiszeit haben ähnliche Wälder auch andere Feuchtgebiete Europas bedeckt, in dieser Enklave haben sie überdauert, ein botanisches Relikt. Doch nicht nur dieser Punkt, die ganze Insel ist eine botanische Wunderwelt, ein nicht endendes Entdecken, ein Abenteuerspielplatz für alle Pflanzenliebhaber. Die frühen Siedler haben durch Unwissenheit viel zerstört, die späteren haben es der Insel überreich zurückgebracht. Allen voran hat der Kolonialgeist der britischen Nation aus ökonomischen Interessen, aber auch aus reiner Zuneigung aus aller Welt Samen, Knollen, Wurzeln und Gesträuch nach Madeira geschifft, sie dem reichen Boden anvertraut und von den besten Gartenarbeitern der Welt, den Portugiesen, pflegen lassen.

Auf der Blumeninsel Madeira hat die Quinta do Palheiro Ferreiro den schönsten aller Gärten.

Neun Jahre, während der Napoleonischen Kriege, hielt Großbritannien die portugiesische Insel militärisch besetzt, doch eigentlich waren seit der Entdeckung fast immer Engländer hier. Sie lieben den süßen Wein des Landes, dessen erste Pflanzen schon der kluge Infant Henrique der Seefahrer aus Kreta hierher gebracht hatte, aber auch das milde Seeklima; im Sommer ist es selten zu heiß, im Winter sinken die Temperaturen nur in Ausnahmefällen unter plus zehn Grad. Als Indien noch ein britisches Kaiserreich, der Suez-Kanal noch nicht eröffnet war, Neuseeland und Australien erforscht wurden, da legten regelmäßig englische Schiffe auf Madeira an, vor allem bei der Rückfahrt, damit sich Mannschaft, Passagiere und Pflanzen nach der langen Seereise noch einmal erholen konnten, bevor sie in das vergleichsweise kühle England zurückkehrten. In der Zeit Rousseaus schien gerade vielen Engländern die möglichst weit entfernte Natur in der Schweiz, in Italien, Portugal und Griechenland viel unverfälschter als auf der heimischen Insel. Im Zeitalter des beginnenden Tourismus war Lord Byron ebenso begeisterter Besucher Portugals wie in diesem Jahrhundert Churchill. Und man erzählt stolz, daß Kolumbus nicht nur Amerika entdeckte, sondern als Zuckerhändler auf der Madeira nahen Insel Porto Santo auch seine Frau.

Das Kosmopolitische der Bewohner und ihrer Gäste hat seinen Widerhall auch in der Pflanzenwelt gefunden. Hat man vor der Madeira-Reise geglaubt, ein wenig von Pflanzen, ihren Herkunftsländern, ihren Vegetations- und Blütezeiten zu wissen, so gerät man auf Madeira in Konfusion: Südamerika wächst neben Indien, Afrika wird von China umschlungen, Australien und Neuseeland sind kaum vom Kap der Guten Hoffnung zu unterscheiden. Die Irritation wird noch dadurch gesteigert, daß sich die Blütezeiten verschieben. In der ersten Januarwoche blühen Rittersporn neben Märzbecher, Dahlien zusammen mit Strelitzien und Taglilien, Iris, Magnolien, Kamelien und Rosen. Mittagsblumen des Hochsommers öffnen sich schon für eine Stunde, wenn die Sonne sie trifft. Bougainvillea durchwachsen purpurlila die orangenen Bignonien. In all der Üppigkeit kam ich mir plötzlich sehr verloren vor und begann, über Ordnungsprinzipien und das bekömmliche Maß der Freiheit nachzudenken. Tatsächlich kann das schlichte Nebeneinanderpflanzen so verschiedener Blumen und Bäume nicht befriedigen. Je größer das Angebot ist, je üppiger die Möglichkeiten sind, desto nötiger wird ein Ordnungssystem – und desto schwieriger ist es auch zu finden.

In Deutschland ordnet man an vielen Plätzen Pflanzen nach ihren Lebensbereichen – eine durch unser Klima von Anfang an eingeschränkte Pflanzengemeinschaft. Die tropisch-subtropische ist unendlich vielfältiger, es müssen noch andere Gliederungen gesucht werden, damit in der von Menschen nachgeschaffenen Natur, aus gänzlich verschiedenen Bausteinen zusammengesetzt, ein neues Bild entsteht.

Eine Woche hatte ich solche theoretischen Überlegungen auf meinen Spaziergängen gehegt, da fand ich wie durch Zufall in der Nähe der Hauptstadt Funchal den Garten Quinta do Palheiro. Es ist ein ausgedehnter Privatgarten, vormittags für Gäste geöffnet. Es war eine wunderbare, andersartige, nie gesehene oder zu träumen gewagte Gartenwelt, die sich vor mir öffnete. Der Garten liegt östlich von Funchal, wo die schroffen Uferfelsen in sanfteres Hügelland übergehen, etwa sechshundert Meter über dem Atlantik, der immer wieder sichtbar wird. Dieser Garten ist in vieler Hinsicht ein Glücksfall. Durch die Höhenlage scheiden aus dem großen Angebot an Pflanzen schon einige tropische aus, die in der Stadt noch wachsen. Fast jeden Mittag hängt der Atlantik seine Feuchtigkeitsschleier um Madeiras Berge. Nebel ist ein wahres Lebenselixier für viele subtropische Pflanzen, vor allem für Kamelien und Azaleen. Trotzdem ist der Garten an das die ganze Insel durchziehende künstliche Bewässerungssystem der Levadas angeschlossen; er kann also jederzeit zusätzlich gegossen werden.

Aber das Wichtigste: Er hatte über fast zwei Jahrhunderte hin Pflanzenkenner, Pflanzensammler, Pflanzenliebhaber als Besitzer, die Ästheten waren oder sich entsprechend beraten ließen. 1790 kaufte der Conde de Carvalhal das Gebiet, baute sich hier ein streng klassizistisches Sommerhaus und ließ von 1801 an, also mitten in den Napoleonischen Kriegen, als die Insel von Engländern besetzt war, durch einen französischen Gartenarchitekten die Grundzüge des Gartens gestalten. Von diesem ersten Layout sind ganz sicher viele Bäume überkommen, vor allem jenen drei majestätischen Alleen, von denen eine Platanenallee in axialer Verlängerung der Breitseite des Hauses zum Pico do Cavalo führt, zum ehemaligen Trainingsplatz der Pferde. In der Platanenallee ist jeder Baum mindestens so mächtig, daß drei Männer ihn gerade noch umfassen können.

Eine andere Allee aus afrikanischen Zypressen, deren Stämme eineinhalb Meter Durchmesser erreichen, gemischt mit langnadeligen Himalaya-Kiefern, führt vom Garten weg in einen benachbarten kleinen Weiler, in dem vermutlich die Diener wohnten. Durch die graugrüne Allee hindurch leuchten schon im Januar die blühenden Mimosen, deren Gelb über der roten Erde so von Duft durchtränkt ist, daß die unruhigen Bienen kein Gefühl für Mittagsstille aufkommen lassen.

Nur drei Generationen konnte die Familie des Conde de Carvalhal den Garten erhalten. 1885 hatte das süße Leben als Flaneur des Fin de siècle so viel gekostet, daß der elegante Beau, II. Conte de Carvalhal, der den Garten von seinem Onkel geerbt hatte, den ganzen Besitz verkaufen mußte. Der Garten in Madeira wurde Pferderennen und Opernabenden in Paris, London und Lissabon geopfert. Doch dieses Opfer vor hundert Jahren war wieder ein Glücksfall für den Garten. Er kam in den Besitz der englischen Familie Blandy (weshalb er von den Portugiesen auch ›Blandys Garten‹ genannt wird), die auf der Insel durch Reederei und die Vorliebe ihrer Landsleute für portugiesische Weine reich geworden war und ihn zum Landsitz einrichtete. Mit den Engländern, ganz besonders ihren Damen, zogen erneut große Pflanzenliebe und -kenntnisse in den Garten ein, er wurde mit jungem Leben erfüllt. Bald schon war das Haus zu klein. Der Neubau, um die Jahrhundertwende bezogen, auf erhöhter Terrasse mit Blick zum Meer, machte eine Umgestaltung der gesamten Gartenanlage notwendig. Der Eingang ist nun im Westen, entlang einer üppigen Kamelienhecke betritt der Besucher das Zauberreich, noch immer nicht ahnend, was vor ihm liegt. Der Weg vom Parkplatz zum neuen, umrankten Wohnhaus mit ausladender Terrasse ist mit Kieselsteinen gepflastert. Seinem Muster und seiner Technik sieht man an, daß Portugiesen oft in China waren. Der im Mai blau blühende Paulownien-

Baum breitet die Krone weit; an ihm und dem kleinen Springbrunnen vorbei geht der Blick zur Bucht von Funchal. Hinter ihm leuchten vor etwa fünfundachtzig Jahren gepflanzte Tulpenbäume den Hügel hinauf. Das satte Lackgrün chinesischer Kampferbäume bildet den Hintergrund und gibt Windschutz.

Wohin zuerst wandern? Am liebsten wollte ich an allen Punkten des Gartens zugleich sein, alles auf einmal sehen. Doch nach einer kurzen Orientierung fand ich meinen Weg, und es wurde mir klar, daß in diesem Garten gelungen ist, was ich in anderen Gärten der Insel vermißte. Seine strenge Gliederung sowohl in Form wie in Farbe, die doch überraschende Winkel und Plätzchen, vor allem in den Randzonen, zuläßt, gibt dem Betrachter bei allem Überfluß nicht das Gefühl der Verlorenheit. Unwillkürlich habe ich zunächst das Inferno, das am Abhang nach Funchal liegt, vermieden. Angezogen von zwei strahlend silberfarbenen südafrikanischen Bäumen, Leucadendron argenteum, die in fremder Eleganz den Eingang bewachen, bin ich durch die lange Pergola, die von Rosen, Clematis und vielen exotischen Schlingpflanzen umwachsen ist, nach Süden den leichten Abhang hinuntergegangen, begleitet von einer Reihe ehrwürdiger Magnolienbäume. Sie leiden etwas unter dem feuchten Klima, sind so von Flechten überzogen, daß die Blüten Schwierigkeiten haben, sich zu entfalten, obwohl gerade durch diese grau-rosa Farbkombination höchst ungewöhnliche Pflanzenbilder entstehen, die an bestimmte Gemälde der Wiener phantastischen Realisten erinnern.

Am fast südlichsten Punkt, in einer Nische des Grundstückes, entdeckte ich eine romantische Liebeslaube. Starke Schiffstaue, wie ein Zelt geformt, dienen roten Rosen als Klettergerüst, das Sitzbänkchen ist so zierlich, daß zwei Menschen schon recht nah zueinander rücken müssen, wenn sie es miteinander nützen wollen. In meiner Einsamkeit saß ich darauf und dachte traurig, daß alle, mit denen ich es gern teilen würde, zu dick dafür seien.

Leicht ansteigend kehrte ich in das Zentrum des Gartens zurück und fand mich im Senk-Garten, sechs Doppelquadraten, die durch Stufen miteinander verbunden sind, die Höhenunterschiede durch Stützmauern aufgefangen, die von wilder, verwilderter, aber auch durch Gärtnerhand gepflanzter Vulkangesteinsflora durchwachsen sind. Eingänge und Wasserbecken sind von pflanzlichen Vögeln bewacht, ähnlich den Eibenfiguren in England und Hol-

Auf Madeira vereint sind viele Pflanzen vor allem jener Länder, die von portugiesischen Seefahrern einst entdeckt wurden.

land. Nur verwenden die portugiesischen Gärtner (sieben arbeiten in dem Park) hierfür Drahtgestelle, die mit einer sehr kleinblättrigen australischen Muehlenbeckia überwachsen sind. Im Winter blüht hier das einheimische Aeonium arboreum, ein Dickblattgewächs mit mächtigen leuchtend gelben Kolben, farblich wunderbar im Zusammenklang mit dem schwarzen Vulkangestein, das von orange-, olivfarbenen und grauen Flechten überzogen ist. Aus Natal hat es die orangerote Flaschenbürste Greyia sutherlandii hierher verschlagen, ein etwa zwei Meter hohes Kleingehölz, das neben tiefblauen Strauch-Salvien, rotem Geum, zusammen mit Märzbechern und blauen Margeriten im Januar blüht. Immer wieder sind große Tuffs weißer Azaleen eingestreut, die Farben zu neutralisieren. Üppig rankt durch alles hin ein brennend orange blühender Kletterstrauch aus Kolumbien, Streptosolen jamesonii, dessen Schönheit tückisch das Gift dieses Nachtschattengewächses verschleiert.

Doch eigentlich und zuallererst ist dieser Garten ein Mekka der Kamelien-Liebhaber. Nicht nur die Luftfeuchtigkeit ist ihnen günstig, die Pflanzen finden auch hier die gleiche kalkfreie rote Erde wie in ihrer Heimatprovinz Yünnan in China. Seit 1801 wird ständig nachgepflanzt, aber auch der Selbstaussaat nicht Einhalt geboten. Die Hecken sind bis zu sechs Meter hoch, und man geht durch sie hindurch wie durch einen schattigen Tunnel – der geradewegs in das Inferno führt, in eine grüne Pflanzenhölle aus Baumfarnen, Azaleen und Rhododendren, die in dem tiefen Schatten hoher Bäume einen in Felsen gefaßten Teich umstehen. Großblättriger Philodendron nutzt die Bäume als Klettergerüste und liefert mit seinen nach Ananas schmeckenden, bis zwanzig Zentimeter langen Fruchtkolben ungewöhnliche Gaumenfreuden. Die Kamelien jedoch sind die Attraktion. Zur Blütezeit müssen die Besitzer einen ständigen Kampf gegen den Sauberkeitsfanatismus der portugiesischen Gärtner führen – immer wollen diese unter den Sträuchern die abgefallenen Blüten wegkehren. Aber erstens sieht dieser Teppich wunderschön aus, und zum anderen ist er Schutz für Wurzeln und natürlicher Humusersatz.

Liegt an der westlichen Seite des Senkgartens hinter Kamelienhecken versteckt das Inferno, so schließen im Osten gleiche Hecken den offenbar neueren Gartenteil gegenüber dem Gebiet ab, das die Conde intensiver bewohnten.

Doch bevor man die Hecken durch kleine Öffnungen gebückt passiert, kreuzt man noch auf schmalen Brücken einen Bachlauf, der fast zwischen Azaleenpolstern versinkt. Er erhält sein Wasser von den Levadas und verläßt, über Steinstufen springend, den Garten im Süden. Dieser Teil, der das alte, breit gelagerte, pastellfarbene Herrenhaus umgibt, ist deutlich von dem bisher durchwanderten Teil geschieden. Er orientiert sich, wie dieses Haus, nach Osten. Nur ein blauer See aus Hortensien und Agapanthus, von hellgrünen Baumfarnen überwachsen, liegt hinter dem stattlichen Gebäude.

Sind vor dem Haus die alten geometrischen Fischteiche versumpft, einige nicht mehr dicht und trotzdem von Papyrus durchwachsen, so liegt links des Hauses der ›Garten der Dame‹. Reizende Sitzplätze sind darin, von Ehrfurcht gebietenden alten Bäumen beschattet, während in der Sonne ein köstlich duftender Überfluß an Blumen sich entfaltet. Die von Buchshecken gefaßten Staudenbeete sind mit englischem Geschick in Madeira-Vielfalt angelegt. Von den Pergolen, die in unterschiedlicher Höhe den Garten der Dame durchziehen, tropfen blaue und weiße Glycinien, tiefdunkelrote Rosen, ganz verschieden gefärbte Bougainvillea und seltenes scharlachfarbenes Clerodendrum.

Von einem der Sitzplätze hat man einen fabelhaften Blick auf eine voluminöse Araucaria brasiliana, die bei uns als ›Zimmertanne‹ in den geheizten Räumen nur ein klägliches Dasein fristen kann. Südafrikanische Eucalyptus-Bäume geben eine zartgraue Kulisse für pinkfarbene Lagerstroemia aus Süd-China. Der Judasblattbaum aus der Türkei trifft sich hier mit japanischen Scheinzitronen und weißen Engelstrompeten aus Chile. Im Herbst leuchten chinesische Persimonen orange aus dem lackgrünen Laub, das sich wenige Wochen später, in blendende Farben getaucht, von den Zweigen löst. In ihrem Schatten wachsen allerlei Orchideen, die sich in dem Garten so wohl fühlen, daß sie bis auf die Wege auswandern und den Besucher gelegentlich am Gehen hindern. Fast empfand ich es als tröstlich, als die Besitzer sagten, daß hier nicht alles wächst, daß es Schwierigkeiten gibt mit Edelrosen, Enzian, Maiglöckchen und Pfingstrosen. Für manche Pflanzen reiche einfach die Winterruhe nicht aus.

Kann man in vielen Büchern finden, Madeira sei ein Teil des versunkenen Königreichs Atlantis, so hatte ich beim Verlassen des Gartens das Gefühl, man hätte mir einen Blick ins Paradies gestattet.

Nun weiß ich, was des Gartens Seligkeit mir wies,
was Berg und Meer, Tempel und Haus nicht konnten:
Erinnerung an das verlorne Paradies.

Nun erst versteh ich auch der Bäume nächtlich Reden,
der Blumen Schlaf und Traum, den übersonnten:
die Hoffnung auf ein fernes Eden.

Josef Mühlberger

Gärten am Reiseweg: Lage, Anfahrtswege, Öffnungszeiten

Die Übersicht ordnet die Gärten nach ihrer Erwähnung im Text, innerhalb Europas nach Ländern von Nord nach Süd, ebenso innerhalb der einzelnen Länder. Diese Ordnung gilt auch für Gärten, die in diesem Buch nicht beschrieben sind, hier aber als »weitere sehenswerte Gärten« erwähnt werden. Lage und Anfahrtswege der Gärten wurden nur beschrieben, soweit es für das leichte Finden erforderlich zu sein schien; die Öffnungszeiten konnten nicht in allen Fällen ermittelt werden.

Die Auswahl der Gärten in den verschiedenen Ländern, die fast alle von der Autorin besucht wurden, bedeutet keine Wertung, besonders nicht in Hinsicht auf die ungenannten Gärten.

Es ist zu berücksichtigen, daß Gärten höchst vergängliche Kulturgüter sich, die bei mangelnder Pflege, aus welchen Gründen auch immer, sehr rasch ihr Aussehen verändern können. Ebenso kann für die Öffnungszeiten nicht garantiert werden. Man sollte beachten, daß der Einlaß gelegentlich eine Stunde vor dem offiziellen Schluß der Öffnungszeit endet.

IRLAND

Nordwesten:

MOUNT STEWART, *Co. Down*
25 km südöstlich von Belfast, am Ostrand des Lough Strangford, nahe der Ortschaft Newtownards. Geöffnet Mai bis September, 10.30 bis 18 Uhr

Mitte:

POWERSCOURT, *Co. Wicklow*
Im grünen Gürtel Irlands, 20 km südlich von Dublin, nahe der Ortschaft Enniskerry. Geöffnet April bis Oktober, 9.30 bis 17.30 Uhr.

Weitere sehenswerte Gärten in Irland:

Mitte:

Butterstream Garden, Trim/Co. Meath
Ein ›neuer‹ Garten, ab 1970 angelegt, den ›House and Garden‹ 1990 zum phantasievollsten Garten Irlands erklärte. Hecken teilen ihn in sehr unterschiedlich gestaltete kleine Gartenräume. 40 km nordwestlich von Dublin, an der westlichen Ausfahrt der Ortschaft Trim. Geöffnet April bis Oktober.

Mount Usher Gardens, Ashford/Co. Wicklow
Ein etwa 100 Jahre alter, verwilderter Sammlergarten, von Wasser durchzogen. 50 km südlich von Dublin an der Straße N 11 Dublin-Rosslar. Geöffnet April bis Oktober.

Birr Castle, Co. Offaly
Mit ca. 70 ha einer der größten Parks der Insel. Das elisabethanische Schloß ist von einem romantischen Landschaftspark umgeben. Von Dublin in Richtung Shannon, ca. 130 km zur Ortschaft Birr. Ganzjährig geöffnet.

Südwesten:

Muckross House, Co. Kerry
Ausgedehnter Landschaftsgarten im Naturschutzgebiet am Killarney See. Prächtiger alter, z. T. subtropischer Baumbestand, riesige Rhododendren, Steingarten, Pferdekutschen. 6 km südlich von Killarney an der Straße N 71 (Ring of Kerry). Ganzjährig geöffnet, außer in der Weihnachtswoche; Höhepunkt: April/Mai.

Dunloe Castle, Co. Kerry
Der Garten in seiner jetzigen Konzeption wurde zwischen 1920 und 1930 von einem amerikanischen Pflanzenenthusiasten angelegt. Seit 1974 betreut der bekannte englische Dendrologe Roy Lancaster die seltene Sammlung. Ein großzügiges Hotel ermöglicht Besuchern einen längeren Aufenthalt. Von Killarney in Richtung Killorglin, auf der Höhe von Beaufort nach links der Ausschilderung Dunloe Golf Course und Hotel Dunloe Castle folgen. Hotel geöffnet von April bis Ende September; Garten ganzjährig zugänglich.

Ard na Sidhe (sprich ›Ard'n Shi‹), Co. Kerry
Der gälische Name bedeutet ›Feenschloß‹. Ein verwunschenes Paradies, das sich eine pflanzenbegeisterte Dame im 19. Jahrhundert schuf. Das Haus birgt jetzt ein erlesenes kleines Hotel. Von der N 70 (Ring of Kerry) in Killorglin bei dem Kino scharf rechts abbiegen und an der Teilung in drei kleine Straßen die mittlere ausgeschilderte nach Ard na Sidhe nehmen, die bald in einen schmalen, ansteigenden Waldweg übergeht, von Bussen kaum zu bewältigen. Nach 1,6 km ist das ›Feenschloß‹ erreicht. Hotel und Garten sind von April bis September geöffnet.

Glanleam House and Gardens, Co. Kerry auf der Valentia Insel
Umspült vom Golfstrom, ist auf der westlichsten Insel Europas seit 1830 eine subtropische, fast tropische Wildnis von ganz eigener Schönheit herangewachsen. Man fährt auf der Straße N 70 (Ring of Kerry) bis Cahersiveen, der weitere Weg zur Fähre ist ausgeschildert; oder bis Portemagee und dort über die Brücke. Der Weg zum Garten ist von beiden Ankunftsstellen ausgeschildert. Busse sollten unbedingt den kürzeren und breiteren Weg mit der Fähre nehmen, auch dann sind die romantischen engen Wege nach Mitte Juni nicht einfach zu bewältigen.

Annes Grove, Co. Cork
Ausgedehnter Park, im 18. Jahrhundert begonnen und immer wieder erneuert. Reicher Bestand an kalkliebenden und kalkfliehenden Pflanzen, durch unterschiedliche Bodenverhältnisse. Von Castletownroche 1,6 km nördlich an der Straße nach Fermoy, Mallow, Killarney gelegen. Geöffnet April bis September.

Ilnacullin, Co. Cork/Insel Garinish
Die im Golfstrom gelegene Insel ist nur mit der Fähre zu erreichen. Großartiger Garten mit reichem Bestand an seltenen Gehölzen und Stauden, z. T. im Stil eines italienischen Gartens angelegt. Die Insel liegt vor Glengarriff, am nordwestlichen Einschnitt der BantryBay. Beachten: möglichst am Vormittag starten und die Insel am Nachmittag mit dem Schiff umrunden. Anfahrt über die Straße N 71 (Ring of Kerry), ab Kenmare noch 27 km nach Glengariff.

Geöffnet März bis Oktober; Höhepunkt: Mai bis Juli.

Lord Dunravens Garden, auf der gleichen Insel gelegen
Ein etwas wilder Garten mit vielen seltenen Gehölzen. Er ist zum Teil gut vom Schiff aus zu betrachten. Beste Zeit: Mai.

ENGLAND

Norden:

LEVENS HALL, *Grafschaft Cumbria*
An der südlichen Grenze des Lake Districts, ca. 7,5 km südlich von Kendal, an der Straße A 6 gelegen. Man benutzt die Abfahrt 36 der A 6. Geöffnet April bis September.

CHATSWORTH, *Grafschaft Derbyshire*
Östlich des Dorfes Edenror, ca. 12 km nördlich von Matlock an der Straße B 6012 gelegen. Geöffnet Ostern bis Oktober, 11 bis 17 Uhr.

ARLEY HALL, *Grafschaft Cheshire*
Ca. 9 km westlich von Knutsford, 7,5 km Straße M 6, Abfahrt zwischen Punkt 19 und 20, und M 56 Abfahrt 9 und 10. Geöffnet April bis September, Montags geschlossen.

Cotswolds:

SEZINCOTE HOUSE, *Grafschaft Gloucestershire*
Ca. 2 km südwestlich von Moreton-in-Marsh. Man fährt westlich der A 44 in Richtung Evesham und biegt nach 2 km (kurz vor Bourton-on-the-Hill) links an einem Steinhaus mit weißem Tor ab.

SUDENLEY CASTLE, *Grafschaft Gloucestershire*
Südwestlich Brodway, bei der Ortschaft Winchcombe. Geöffnet März bis September, 11.00 bis 17.30 Uhr.

HIDCOTE MANOR AND GARDEN, *Grafschaft Gloucestershire*
6 km nordöstlich von Chipping Campden. Geöffnet April bis Oktober.

WESTONBIRT GARDENS AND ARBORETUM, *Grafschaft Gloucestershire*
Ca. 4,5 km südlich von Tetbury an der A 433 Tetbury-Bristol. Ganzjährig geöffnet von 10 Uhr bis zur Dämmerung.

BATSFORD ARBORETUM, *Gloucestershire*
Ca. 2 km nordwestlich von Moreton-in-Marsh, an der A 44 gelegen. Geöffnet März bis November.

BARNSLEY HOUSE (ROSEMARY VEREY), *Grafschaft Gloucestershire*
6 km nordöstlich Cirencester an der B 4425 gelegen. Geöffnet Montag, Mittwoch, Donnerstag und Samstag, März bis Oktober.

Cornwall:

TREBAH, *Cornwall*
6 km südlich von Falmouth, 1,5 km südwestlich von Mawnan Smith an der Straße nach Helford Passage. Man folge den Touristik-Wegweisern von Hillhead Roundabout an der A 39. Ganzjährig geöffnet von 10.30 bis 17 Uhr.

GLENDURGAN, *Cornwall*
Direkt neben Trebah gelegen.

TRENGWAITON, *Cornwall*
3 km nordwestlich von Penzance, ca. 700 Meter westlich von Heamoor an der B 3312 Penzance–Morvah, Ausfahrt St. Just A 3071. Beste Zeit: März bis Oktober.

CHYVERTON, *Cornwall*
Bei Zelah, nördlich von Truro. Eingangstor 1 km südwestlich von Zelah an der A 30. Besuch von März bis Juni auf Anfrage möglich, aber nur werktags. Tel. 00 44 - 18 72 - 54 03 24 (Mr. N. T. Holman).

LANHYDROCK, *Cornwall*
Bodmin, 3,7 km an der B 3268. Montag geschlossen. Beste Zeit: März und April.

TREMEER GARDENS, *Cornwall*
St. Tudy, 12 km nördlich von Bodmin, 3,7 km an der B 3268. Zugänglich am ersten Sonntag im April, besser Anmeldung.

TRELISSICK, *Cornwall*
Feok, 6 km südlich von Truro, nahe der ausgeschilderten King Harry Fähre an der B 3289. Beste Zeit: März bis Mai.

Weitere sehenswerte Gärten in England und Wales:

Powis Castle, Wales
Ab 1720 gestaltete hängende Gärten, italienisch beeinflußt. 1 km südlich Welshpool von der A 483. Außer Montag und Dienstag von Ostern bis September täglich geöffnet.

Bodnant Garden, Wales
Großer, alter Garten mit reichem Pflanzenbestand. 12 km südlich von Lladudno und Colwyn Bay an der A 470, Eingang an der Eglwysbeach Road. Geöffnet täglich, von Mitte März bis Ende Oktober.

Sissinghurst Castle, Kent
Der berühmte Garten der Vita Sackville West. Sehr besucht! 3 km nordöstlich von Cranbrook, 1,5 km östlich von dem Dorf Sissinghurst an der A 262. Außer Montag täglich geöffnet, von April bis Mitte Oktober.

Savill and Valley Gardens, im Windsor Great Park/Berkshire
Savill ist ein exzellenter Garten, Valley ein großer Landschaftspark zum Wandern. Ganzjährig geöffnet von 10 Uhr bis zum Einbruch der Dämmerung, aber nicht länger als bis 18 Uhr.

Hestercombe House and Gardens, Somerset
Einer der schönsten Gärten von Somerset. Cheddon Fitzpaine, 3 km von Taunton. Geöffnet nur Mittwoch nachmittags, von Mai bis Juli. Nähere Auskunft: Somerset County Council.

Stourhead, Wiltshire
Einer der berühmtesten, ältesten Landschaftsgärten Europas. 4,5 km westlich von Mere at Stourton über die B 3092. Täglich das ganze Jahr geöffnet.

Penjerrick, Cornwall
Reicher alter Garten, am schönsten im Frühling. 4,5 km südwestlich von Falmouth zwischen Budoek und Mawnan Smith. Wegweiser zur Einfahrt gegenüber Manderlay Country Club. Geöffnet April bis Oktober, jeden Mittwoch und Sonntag von 13.30 bis 16.30 Uhr.

Großbereich London:

Wakehurst Place, Ardingley, West Sussex
Reiche Gehölzsammlung, wird gemeinsam mit Kew Garden verwaltet, ein Platz zum Ausruhen. Haywards Heath, 3 km von Ardingley an der B 2028.

Kew Garden, Richmond
Einer der berühmtesten Gärten der Welt, seit 1759 gepflanzt, vorwiegend mit Pflanzenneuheiten der jeweiligen Zeit. Mit der U-Bahn ab London in Richtung Richmond, bis zur Station Kew Garden. Geöffnet täglich, von 10 Uhr bis zum Einbruch der Dämmerung, spätestens bis 18 Uhr.

Wisley Garden, Woking Surrey
Der Sichtungsgarten der Royal Horticultural Society ist ein ›Muß‹ für jeden Pflanzen- und Gartenfreund. Mit der Green Line Bus 712 ab Victoria Station, ca. 1 Stunde Fahrzeit. Den Fahrer bitten, die Haltestelle auszurufen. Per Auto 10 km von Guildford, 6 km von Cobham, 1,5 km von Ripley. Westlich London über die A 3 oder M 25, Abfahrt 10. Geöffnet von Montag bis Samstag, 10 bis 19 Uhr, am Sonntag 14 bis 19 Uhr (vormittags nur für Mitglieder der RHS), Februar bis Oktober.

Hampton Court
Ein Tudor-Schloß mit ausgedehnten Gärten, z. T. aus der Zeit Elizabeth' I. 1,5 km südwestlich von Kingston up. Themse, ca. 10 km von Central London an der A 308. Ab London auch mit Schiff erreichbar. Die Öffnungszeiten wechseln unregelmäßig, telephonisch bei Tourist Office in London erfragen.

Queen Mary's Garden, im Regentpark
Für ganz Eilige, die einen Eindruck von englischer Gartenkunst bekommen möchten. Eingang Marylebone Road benutzen, in der Nähe des berühmten Wachsfigurenkabinetts. Ständig zugänglich, von morgens bis zur Dämmerung.

HOLLAND

Walenburg

Von Amersfoort 12 km südlich bis Doorn fahren, dort an der Ampel rechts nach Langbroek abbiegen, am Ende der Ortschaft bei der Brücke nach links bis zum Beginn des Hochwaldes rechter Hand fahren, dort nach rechts in den Feldweg einbiegen. Der Garten ist nur an wenigen Tagen geöffnet, die jährlich wechseln. Öffnungszeiten erfragen bei: Nederlandse Tuinstichting, Amsterdam, Heerengracht 476, Tel. 00 31-20-6 23 50 58.

Weitere sehenswerte Gärten in Holland:

Park Warmelo, Gemeinde Diepenheim
Schöne historische Partien und Gehölzsammlung, zahlreiche Fuchsien. Anfahrt über Autobahn Dortmund–Münster, Abfahrt Münster-Nord, Richtung Steinfurt-Hengelo, von dort der Ausschilderung Delden folgen bis Diepenheim. Geöffnet von Himmelfahrt bis Mitte Juni, jeden Sonn- und Feiertag von 10 bis 17 Uhr.

Park Verwolde, Gemeinde Laren
Beispiel eines Repräsentationsgartens des ländlichen Kleinadels, durch Stiftung Gelderscher Kasteleen gepflegt. Von Diepenheim über Markelo nach Laren, ca. 6 km. Geöffnet vom 1. April bis 31. Oktober, Dienstag bis Samstag von 10 bis 17 Uhr.

Park Rosendael
Wasserschloß in großem Landschaftspark
An der Nationalstraße von Zutphen nach Arnheim, zwischen Velp und Arnheim. Geöffnet von Himmelfahrt bis 30. Juni, Dienstag bis Samstag und an Sonn- und Feiertagen von 11 bis 18 Uhr.

Schloß und Park Het Loo, bei Apeldoorn
Königsschloß des 17. Jahrhunderts mit gut gepflegtem Garten und Park. Am Westrand der Stadt, Anfahrt gut ausgeschildert. Geöffnet Dienstag bis Sonntag von 10 bis 17 Uhr.

Ineke Greve Huis de Dom, Heerlen
Vielfach gegliederter Garten mit vielen Anregungen, Verkauf von Garten-Interieur. Autobahn A 44 Richtung Aachen, dort am Autobahnkreuz auf die A 4 wechseln, Richtung Heerlen bis Grenze Vetschau, von dort auf der N 281 bis zur Abfahrt Heerlen–Zuid–Zieken Huis. Nach der Abfahrt links in den Martin-Luther-King-Weg einbiegen, nach dem ›Welterhof‹ rechts in die Tichel-Beekstraße. Geöffnet am ersten und dritten Juni-Wochenende. Tel. 00 31-4 55-71 04 70.

Schaugarten und Gärtnerei Piet Oudolf, de Hummelo
Der reich mit Stauden besetzte Schaugarten ist berühmt. Adresse: Broekstraat 17, de Hummelo bei Arnheim. Der Schaugarten ist im Juni und August geöffnet, die Gärtnerei ganzjährig. Tel. 00 31-3 14-38 11 20.

De Kempenhof Madeleine van Bennekom, Domburg Prov. Zeeland
Viele Kenner halten den Garten für den schönsten Garten Hollands. Er liegt in der Nähe von Milburg, Ziversweg 4. Geöffnet an einigen Sommerwochenenden. Erfragen über Tel. 00 31-1 18-58 16 47.

BELGIEN

Garten van Roosmalen, Rekem
Ein interessanter, durch Hecken gegliederter kleiner Hausgarten. Er liegt in der Nähe des Gartens von Incke Greve. Von dort fährt man über die N 281 zum Autobahnkreuz Stein Richtung Maasmecheln. Von dort über die N 78 in Richtung Nanaken bis Rekem; an der Ampel dem Schild ›Oud Rekem‹ folgen. Etwa 80 m nach einer großen Backsteinkirche, links das Schild ›Oud Rekem‹, die erste Straße rechts ist die St. Pieterstraße. Am Haus Nr. 24, das zur Straße zu nichts von einem Garten ahnen läßt, ist man am Ziel. Geöffnet am ersten und dritten Juni-Wochenende.

Schloß d'Annevoie, Ardennen
Reizvoller, romantischer Park des 18. Jahrhunderts, mit alten Wasserspielen. Über die Autobahn A 4 Richtung Brüssel bis zur Abfahrt Nr. 20, dann nach Dinant, von dort maasabwärts Richtung Namur bis Annevoie. Geöffnet von April bis Oktober, von 9 bis 19 Uhr.

DEUTSCHLAND

SANSSOUCI, *Potsdam*
Der Anfahrtsweg ist gut ausgeschildert. Der sehr ausgedehnte Park beansprucht einige Stunden Zeit, um gänzlich durchwandert zu werden.

HERRENHAUSEN, *bei Hannover*
Straßenbahnlinie 1 oder 2 ab Innenstadt. Gut ausgeschildert. Man sollte nicht nur den berühmten ›Großen Garten‹ besichtigen, sondern als Pflanzenfreund auch den ›Berggarten‹ besuchen, der direkt gegenüber an der Herrenhäuser Allee liegt.

Weitere sehenswerte Gärten in Deutschland:

Norden:

Schloßpark Putbus, Insel Rügen
Ausgedehnter, 75 ha großer Park, der 1821 bis 1824 zum Landschaftspark umgestaltet wurde. Der Anfahrtsweg ist ausgeschildert. Ganzjährig geöffnet.

Planten und Blomen, Hamburg
Ausgedehnte Gartenanlagen mit langer Geschichte, der Besuch ist immer wieder lohnend. Zugang direkt am Bahnhof Dammtor.

Rhododendronpark, Bremen
Der Name sagt es: eine große Sammlung der verschiedensten Rhododendren und Freilandazaleen. Autobahnabfahrt Bremen-Vahr, Franz-Schütte-Allee, Bürgermeister-Spitta-Allee, zum Parkplatz in der Marcus-Allee; oder mit den Bussen 30, 31, 33, 34 bis zur Bürgermeister-Spitta-Allee. Ganzjährig bis Einbruch der Dunkelheit geöffnet. Höhepunkt: Mitte Mai bis Mitte Juni.

Bauerngärten des Freilichtmuseums, Detmold
Sehr verschiedene, sehr interessante Beispiele. 2 km von der Stadtmitte entfernt, gut ausgeschilderte Anfahrt. Geöffnet April bis Oktober, Montag geschlossen.

Rosarium im Westfalenpark, Dortmund
Gut gepflegte, sehenswerte Rosensammlung. Der Westfalenpark ist ab Stadtmitte ausgeschildert; ab Hbf. auch mit der U 45 Richtung Hachey, Station Westfalenpark, erreichbar. Direkt in das Rosarium führt der Eingang Kaiserhain. Geöffnet täglich ab 9 Uhr. Höhepunkt: Juni.

Schloßark Dyck, Dyck
Wasserschloß, 1656 erbaut mit reicher botanischer Sammlung im Park. Autobahn Düsseldorf–Aachen, Abfahrt Grevenbroich-Kapellen; ab dort ausgeschildert. Täglich geöffnet. Höhepunkt zur Rhododendronblüte.

Mitte:

Park Wilhelmshöhe, Kassel
Einer der eindrucksvollsten deutschen Parks mit großer Wildrosensammlung. Anfahrt gut ausgeschildert. Ganzjährig geöffnet.

Kurpark und Schloßpark, Bad Homburg/Taunus
Zwei gepflegte, sehr bedeutende Anlagen. Der Kurpark ist jederzeit zugänglich, der Schloßpark schließt bei Dämmerung.

Palmengarten, Frankfurt am Main
Eine weltberühmte botanische Sammlung, sehr gut dargeboten. Anfahrt zur Tiefgarage gut ausgeschildert; erreichbar auch mit U6 oder U7. Täglich geöffnet von 8 Uhr bis zur Dämmerung.

Chinesischer Garten, Frankfurt am Main
Im Bethmann-Park wurde 1989 durch eine chinesische Arbeitsgruppe aus der Provinz Anhui ein chinesischer Gelehrtengarten gebaut. Innenstadtbereich, Nähe Konstablerwache. Täglich geöffnet bis zur Dämmerung.

Hermannshof, Weinheim an der Bergstraße
Der ehemalige Garten eines Industriellen in der Stadtmitte wurde zum Sichtungsgarten für Stauden und Sommerblumen gestaltet. Sehr sehenswert. Weinheim liegt an der Autobahn Frankfurt–Heidelberg. Geöffnet vom 1. April bis Mitte Oktober, 10 bis 18 Uhr.

Schloßpark Schwetzingen, Schwetzingen bei Heidelberg
Der ausgedehnte, gut gepflegte Park des 18. Jahrhunderts ist besonders schön etwa ab 10. Juni, wenn Sommerflor und die zahlreichen Kübelpflanzen blühen. Bus ab Heidelberg Hbf. oder von der A 6 Mannheim–Karlsruhe über die Abfahrt Heidelberg-Schwetzingen.

Schönbusch, bei Aschaffenburg
Hervorragend gartendenkmalpflegerisch behandelter großer Landschaftspark. Über die A 3 Frankfurt–Würzburg, Abfahrt Stockstadt Richtung Miltenberg, nach wenigen Kilometern auf die B 26 Richtung Aschaffenburg wechseln. Ganzjährig geöffnet.

Europas Rosengarten, Zweibrücken
Gut präsentierte Rosensammlung mit einer Außenstelle für Wildrosen in der nahen Fasanerie. Nähe Schloßplatz. Zur Rosenzeit täglich geöffnet.

Süden:

Kurgarten, Bad Gleisweiler
Der über 150 Jahre alte Kurgarten enthält viele subtropische Gehölze. Bad Gleisweiler liegt an der südlichen Weinstraße der Pfalz zwischen Landau und Edenkoben. Der Garten ist jederzeit offen, Gruppen melden sich besser bei der dazugehörigen Klinik an.

Schloßpark Eremitage, Bayreuth
Reich ausgestatteter, gut gepflegter Rokokopark. Anfahrt ausgeschildert. Jederzeit geöffnet.

Park Fantaisie, Donndorf bei Bayreuth
Früher Landschaftspark des 18. Jahrhunderts, schöne alte Bäume. Jederzeit zugänglich.

Felsengarten Sanspareil, bei Bayreuth
Eine sehr frühe Übernahme der Ideen chinesischer Gartengestaltung. Die natürliche Felseninsel wurde durch Markgräfin Wilhelmine, Schwester Friedrichs des Großen, zu einem ›Arkadien‹ gestaltet. An der B 22 auf halbem Weg zwischen Bamberg und Bayreuth gelegen, nördlich der Gemeinde Hollfeld. Jederzeit zugänglich.

Residenz-Garten, Würzburg
Der gut gepflegte Barockgarten ist denkmalgeschützt. Er liegt direkt bei der Bischöflichen Residenz. Jederzeit zugänglich.

Hofgarten, Veitshöchheim
Kleinteilig aufgebauter Rokokogarten mit reichem Figurenschmuck. Berühmt sind vor allem die Plastiken von Ferdinand Dietz. Ca. 12 ha, 7 km mainabwärts von Würzburg.

Gärten der Bayerischen Landesanstalt für Garten- und Weinbau, Veitshöchheim
Ein Sichtungsgarten, wichtig für Gärtner und Pflanzenfreunde. Die Anfahrt ist ausgeschildert. Tag der offenen Tür: 1. Juli.

Blühendes Barock, Ludwigsburg
Ein Erlebnis für Gartenfreunde. Der Anfahrtsweg ist ausgeschildert. Man kann Ludwigsburg auch ab Stuttgart per Schiff über den Neckar erreichen. Ganzjährig geöffnet. Beste Zeit: vom 1. Mai bis Mitte Juli.

Wilhelma, Stuttgart
Alter botanischer Garten, sehenswert vor allem zur Magnolienblüte. Anfahrt ausgeschildert. Ganzjährig geöffnet.

Botanischer Garten, München-Nymphenburg
Neben dem großartigen Schloßpark Nymphenburg liegt der sehenswerte Botanische Garten, Menzinger Str. 65. Wenn man ausreichend Zeit hat, sollte man unbedingt beide Gärten ansehen. Anfahrt zum Nymphenburger Schloß ausgeschildert, oder ab Hbf. mit Straßenbahn 17. Geöffnet: Im Sommer von 9 bis 18 Uhr, übriges Jahr von 9 Uhr bis zur Dämmerung.

Westpark, München-Untersendling
Das Gelände der IGA 1983 ist immer noch sehenswert. Rosensammlung, viele Stauden. Das Ostasiatische Ensemble ist nur im Sommer (und auch dann nur bei gutem Wetter) geöffnet, der Park jederzeit.

Schloß Linderhof, nahe Kloster Ettal
In herrlicher Lage, ein großer Stilgarten mit vielen schönen Details. Anfahrt über die A 95 ab München. Nur im Sommer von 9 bis 12 und von 12.45 bis 17.30 Uhr geöffnet.

Insel Mainau, Bodensee
Die berühmte, als Schaugarten hergerichtete Blumeninsel der Grafen Bernadotte. Anfahrt über die B 33 ab Konstanz oder mit den Bodenseeschiffen. Beste Zeit: April bis Oktober.

Osten:

Schloß Charlottenburg, Berlin-Charlottenburg
Sehenswerter Park mit großem Bestand an Kübelpflanzen. Anfahrt ausgeschildert. Beste Zeit: Mitte Mai bis Mitte Oktober.

Botanischer Garten, Berlin-Steglitz
Einer der reichsten Botanischen Gärten der Welt. Berühmte Bibliothek. Anfahrt in Steglitz ausgeschildert.

Arkadien in Berlin
Die Traumlandschaft der preußischen Könige. Am bequemsten mit dem Schiff ab Innenstadt erreichbar. Unbedingt den Zwischenstop nutzen für: Pfaueninsel, Klein-Glienicke, Babelsberg und natürlich Sanssouci. Man benötigt einen Tag.

Neustrelitzer Schloß, Neustrelitz
Der Schloßpark ist einer der gepflegtesten Parks im Osten Deutschlands. Über die E 251 Richtung Neubrandenburg, ca. 80 km nördlich von Berlin. Im Ort ist die Anfahrt ausgeschildert.

Wörlitz, bei Dessau
Der große Versuch einer glücklichen Verbindung zwischen Nutzlandschaft und Park. Zufahrt über die E 51, von Dessau aus, oder der A 9 Nürnberg – Berlin, Abfahrt Vockrode.

Schloß Muskau, Bad Muskau
Das Gartenreich des Fürsten Pückler-Muskau liegt am Durchbruch der Görlitzer Neiße durch den Lausitzer Grenzwall, ca. 50 km von Görlitz, F 115; die Anfahrt ist ab Görlitz beschildert.

Park an der Ilm, Weimar
Der Wanderweg durch den Park führt an Goethes Gartenhaus und vielen anderen historischen Punkten vorüber. Ein früher Versuch, die Natur in die Stadt zu integrieren.

Schloß Tiefurt, bei Weimar
Der ausgedehnte Landschaftspark mit altem Baumbestand entstand unter Goethes Einfluß. Anfahrt über die Tiefurter Allee ab Weimar ausgeschildert.

Schloßpark Belvedere, bei Weimar
Ursprünglich im Stil von Versailles geplant und auch begonnen, wurde er 1806 z. T. in einen romantischen Landschaftspark umgestaltet. Anfahrt ausgeschildert, über die Belvederer Allee ab Weimar Zentrum.

Schloß Reinhardsbrunn, bei Friedrichroda
Der südwestlich von Gotha im Thüringer Wald gelegene wildromantische Landschaftspark entstand ebenfalls zur Goethezeit. Anfahrt über die A 4, zwischen Erfurt und Eisenach die Abfahrt Waltershausen.

Elbschloß Pillnitz, bei Dresden
In dem interessanten Park ist die älteste Kamelie Deutschlands, ein Blütenbaum, im Freien zu besichtigen. Anfahrt ausgeschildert, ab Dresden. Von dort elbaufwärts auch mit dem Schiff erreichbar.

Schloß Moritzburg, bei Dresden
Spätbarockes Jagdschloß mit geometrischer

Gartenanlage. Im Friedewald, ca. 12 km nördlich von Dresden.

FRANKREICH

BAGATELLE, *Paris*
Der typische französische Rosengarten ist Teil des Parks bei Schloß Bagatelle, im Bois de Boulogne. Dieser Teil ist besonders von Mitte Juni bis Mitte Juli besuchenswert. Ab Innenstadt mit Bus 43 oder 144 ab Pont de Neuilly. Geöffnet täglich von 10 bis 17 Uhr.

L'HAY-LES-ROSES, *Rue Albert Watel*
Der Ort L'Hay liegt im Departement Marne und zählt zu den Vororten von Paris. Kommt man im Auto über die A 4, so liegt L'Hay direkt an der Autobahn kurz vor Paris. Sonst ab Paris bis Bourg la Reine im Zug und dann im Bus 172 oder 192 nach L'Hay. Der Besuch lohnt nur zur Rosenzeit.

Weitere sehenswerte Gärten in Frankreich:

Chateau de Versailles, Versailles
Eines der bekanntesten Gartenkunstwerke Europas, ca. 20 km von Paris entfernt. Zu erreichen mit Bus 171 ab Pont de Sevres oder mit der Schnellbahn RER, Linie C. Geöffnet täglich ab 9 Uhr bis Sonnenuntergang.

Vaux-le-Vicomte, bei Melun
Der südsüdöstlich von Paris gelegene repräsentative Park von Fouquet, Minister Louis' XIV, ist täglich von 9 Uhr bis Sonnenuntergang geöffnet. Der Park, ein Frühwerk von Le Nôtre, beeindruckte durch Größe und Schönheit den König so, daß er seinen Minister entließ und die wesentlichsten Pflanzen nach Versailles umsiedeln ließ. Geöffnet täglich, vom 1. April bis zum 31. Oktober.

Château de Courances, Nähe Fontainebleau
Bei der Ortschaft Milly-la-Forêt gelegen, ist der Barockpark begleitet von englisch-japanischen Gartenteilen. Geöffnet vom ersten Sonntag im April bis zum 31. Oktober, jedoch nur an Samstagen, an Sonn- und Feiertagen von 14 bis 18 Uhr.

Le Vasterival, Varenge-Ville-sur-Mer
Der mit vielen Exoten bepflanzte Garten der Prinzessin Sturzda liegt etwa 12 km westlich von Dieppe. Er ist ganzjährig reizvoll, jedoch nur nach Vereinbarung zugänglich, möglichst nur Gruppen. Tel.: 35 85 12 05.

Parc Floral des Moutiers, Varenge-Ville-sur-Mer
Das verwunschene Haus wurde durch Luytens gebaut, die Anlage des Gartens beriet Gertrude Jekyll. Seit 1980 wird er als ›Historisches Monument‹ vom französischen Staat betreut. Geöffnet vom 15. März bis zum 15. November, außer Montag, von 10 bis 12 und von 14 bis 18 Uhr.

Monets Garten, Giverny
Nahe Vernon bei Paris gelegen, ist mit der Bahn ab Gare du St. Lazare erreichbar. Der berühmte Malergarten ist sehr stark besucht. Geöffnet von April bis Oktober, außer Montag, von 10 bis 18 Uhr.

Château de Villandry, Joué les Tours
Im Loire-Tal, nahe Tours, liegt einer der originellsten und daher bekanntesten Gärten Frankreichs. Der klassische Stilgarten füllt seine mit Buchs gerahmten Beete vorwiegend mit farbigem Gemüse und Sommerblumen. Der Höhepunkt ist ab Mitte Juli bis September. Geöffnet von 9 Uhr bis Sonnenuntergang, Juni bis August bis 20 Uhr.

Villa Noailles, oberhalb Grasse
In den Alpe Maritime liegt die kleine alte Villa mit dem großen, meisterhaften Garten, dessen Inhalte genauso begeistern wie die Aussicht. Nicht ständig zugänglich. Am besten die Öffnungszeiten im örtlichen Touristbüro erfragen.

SCHWEIZ

ILE DE BRISSAGO, *Lago Maggiore*
Man erreicht die Insel mit einem Ausflugsschiff ab Locarno. Geöffnet vom 1. April bis zum 20. Oktober, 8 bis 17 Uhr.

Weitere sehenswerte Gärten der Südschweiz:

Parco Scherrer, Morcote
Der südlich des Lago di Lugano gelegene Garten ist etwas für Freunde kurioser Gartengestaltung. Über Tourismusbüro anmelden.

Vico Morcote
Nicht weit vom Parco Scherrer liegt der Garten, der von Sir Peter Smithers mit großer Kenntnis und Liebe angelegt wurde. Beste Zeit für Besuche: April bis Mitte Mai. Über Tourismusbüro anmelden.

ITALIEN

Villa la Pietra, *Florenz*
Via Bolognese 120. Geöffnet nur auf Anfrage. Am besten über Azienda di Promozione Touristica. Via A. Manzoni 16, Tel. 2 33 20/Fax 2 34 62 86.

Villa Gamberaia, *Settignano*
Wenige Kilometer östlich von Florenz. Geöffnet nur auf Anfrage, siehe Angaben zu Villa la Pietra.

Villa Agape, früher Villa Arrighetti, *bei San Miniato al Monte*
Via della Torre del Gallo 8-10. Der Garten des Nonnenklosters ist nur auf Anfrage geöffnet.

Villa Torrigiani, *Provinz Lucca*
Der in der Nähe des Dorfes Camigliano gelegene Garten ist öffentlich zugänglich.

Weitere sehenswerte Gärten in Italien:

Provinz Piemont:

Villa Charlotta, Tremezzo
Der am Lago di Como gelegene Sitz ist besonders schön im Mai, wenn Azaleen, Rhododendren und Kamelien blühen. Öffentlich zugänglich.

Isola Bella Parco Borromeo, Lago Maggiore
Die nahe dem Ort Stresa gelegene Insel hat einen mit reichem Figurenschmuck ausgestatteten Terrassengarten, der den schönsten Anblick bietet, wenn man von Norden mit dem Schiff kommt. Allgemein zugänglich.

Isola Madre, nahe Stresa
Man findet die Reste eines Gartens aus dem 16. Jahrhundert und einen Landschaftspark des 19. Jahrhunderts. Allgemein zugänglich. Schiff.

Villa Taranto, Pallanza
Gilt als eine der besten botanischen Sammlungen Italiens. Öffentlich zugänglich.

Rom und Umgebung

Giardini Vaticani e Cortile del Belvedere, Rom
Der Garten liegt hinter der Peterskirche. Am schönsten ist die kleine Villa Pia.

Giordino della Rose, Rom
Der in der Via Santa Sabina gelegene Rosengarten ist in erster Linie für Rosenfreunde wichtig. Beste Zeit: Mitte Mai bis Juni.

Villa d'Este, Tivoli
Der berühmteste Garten Italiens, doch nicht in gutem Pflegezustand. Er liegt etwa 25 km östlich von Rom an den Hängen der Albaner Berge. Er ist öffentlich zugänglich, sehr besucht. Beste Zeit: nachmittags, Mitte April bis Oktober.

Villa Lante, Bagnaia Nähe Viterbo
Der besterhaltene, fast originale Renaissancegarten Italiens. Etwa 70 km nördlich von Rom. Öffentlich zugänglich.

Bomarzo, Nähe Viterbo
Der stark besuchte ›Garten der Monster‹, der lange vergessen war, ist öffentlich zugänglich.

Neapel und Umgebung

Santa Chiara, Neapel
Das Klarissenkloster liegt im Zentrum der Altstadt. Die dekorative Pergola aus bemalten Kacheln ist besonders schön im Herbst, wenn Trauben und Orangen reifen.

La Reggia di Caserta, Caserta
Der ausgedehnte Park aus dem 18. Jahrhundert liegt einige Kilometer nördlich von Neapel. Der originellste Teil ist der Miniaturgarten der Königskinder. Den Wunsch, ihn zu besichtigen, muß man direkt an der Kasse beim Kauf der Eintrittskarte anmelden.

Pompeji und Herculaneum
Casa dei Vettii, Casa del Frutteto, Casa dei Cervi enthalten rekonstruierte antike Gartenanlagen.

Villa Cimbrone, Ravello
Die an der Costa Amalfitina gelegene Villa hat einen Garten des Ergötzens mit wundervollem Ausblick auf den Golf von Salerno.

Sizilien

Orto Botanico, Palermo
Der Eingang ist an der Via Abramo Lincoln. Der Garten verfügt über für Europa ungewöhnlich reiche Bestände an tropischen Gehölzen im Freiland. Geöffnet Sonntag bis Freitag von 9 bis 12 Uhr; Samstag von 9 bis 11 Uhr.

Villa Guilia oder La Flora genannt, Palermo
Der geometrische Garten in der Nähe des Orto Botanico hat reizvolle Pflanzungen, von denen Goethe in der »Italienischen Reise« berichtet. Der Eingang ist von Porto Reale. Öffentlich zugänglich.

Villa Malfitano-Withacker, Palermo
Via Dante und
Villa Trabia, Palermo
Via Salinas, haben sehenswerte Gärten, die jedoch nicht regelmäßig geöffnet sind. Am besten beim Touristik-Amt in Palermo erfragen.

PORTUGAL

Quinta de Fronteira, *Lissabon*
Am nördlichen Stadtrand gelegen. Anmeldung über Tourismusbüro oder Hotel.

Quinta da Regaleira, *Sintra*
Rua Barbosa do Bocage. Anmeldung über Tourismusbüro.

Quinta do Relogio, *Sintra*
Largo da Quinta do Relogio. Anmeldung über Tourismusbüro.

Montserrate, *Sintra*
An der Straße E. N. 375 vom Centro di Tourismo Richtung Colares. Geöffnet April bis Oktober, ca. 9 bis 17 Uhr.

Weiterer sehenswerter Garten in Sintra:

Seteais, Sintra
Das exklusive Hotel aus dem 18. Jahrhundert ist von einem angenehmen Garten mit schönen Ausblicken umgeben. An der E. N. 375 Sintra–Colares. Jederzeit zugänglich.

MADEIRA

Quinta do Palheira, *Funchal (oberhalb)*
Man nimmt ein Taxi oder fährt von der Stadtmitte Richtung Flughafen, folgt dann der Ausschilderung Camacha bis zum Wegweiser ›Quinta do Palheira‹. Geöffnet Montag bis Freitag, 9.30 bis 12.30 Uhr.

Zu dieser Ausgabe

Die Essays dieser Ausgabe erschienen zuerst als Einzelbeiträge im Magazin der ›Frankfurter Allgemeinen Zeitung‹ zwischen dem 11. 11. 1983 und dem 8. 11. 1991. Sie wurden für diese Ausgabe leicht überarbeitet.
Die Abbildungen zu Seite 50/51 und zu Seite 56/57 erscheinen mit freundlicher Genehmigung der ›Frankfurter Allgemeinen Zeitung‹.